# MINCIUNILE DESPRE BANI:

## CINE EȘTI TU?

### DR. LISA COONEY

# TESTIMONIALE

Pur și simplu cea mai bună!

Dr. Cooney este un terapeut remarcabil, cu metode pline de compasiune și utile. Este o resursă excelentă pentru oricine are nevoie de ajutor și, de asemenea, un sprijin important pentru recuperarea din dependență.

Dr. Lisa a fost o alegere foarte bună pentru ceea ce căutam și pentru ceea ce aveam nevoie să găsesc la un terapeut. Mă provoacă atunci când trebuie să fiu provocat, mă ascultă când am nevoie de un ascultător și mă verifică între sesiuni pentru a se asigura că fac progrese. De asemenea, am impresia că și-a personalizat abordarea ședințelor noastre pe baza nevoilor mele individuale, ceea ce îmi dă încredere în abilitățile ei și mă ajută să cred în sfaturile ei.

Dr. Lisa (așa cum i se spune cel mai frecvent) este un vindecător/un practician terapeut talentat, care are cu adevărat capacitatea de a canaliza exact ceea ce este necesar pentru fiecare dintre clienții săi, fie că este vorba de terapia conversațională tradițională sau de ceva în afara căii bătute. Este un ascultător excelent, empatic, intuitiv și simpatic. Simte

lucrurile împreună cu tine și depune eforturi pentru a te
înțelege.

Dr. Cooney este foarte atentă și oferă formatul de terapie
care a corespuns așteptărilor mele cu privire la modul în
care terapia ar trebui să fie structurată pentru a găsi valoare
în ea. Mi-a ascultat rezultatele dorite și lucrurile care au
funcționat pentru mine în trecut și și-a modificat abordarea
sesiunilor noastre pentru a se potrivi acestor cerințe. Perio-
dic, ea mă monitorizează între ședințe, pentru a verifica
evoluția și consider merge dincolo de așteptările mele,
având în vedere numărul de pacienți pe care trebuie să-i
vadă. De asemenea, și-a modificat programul pentru a se
potrivi cu mine atunci când am avut un conflict cu câteva
zile înainte de ședința noastră programată și a reușit să o
reprogrameze rapid, astfel încât să nu rămân în urmă cu
progresul meu. O recomand cu cea mai mare căldură pe Dr.
Cooney pentru mixtul excelent de profesionalism/persona-
lizare și expertiza sa clară privind temele pe care am dorit să
le discut.

Dr. Lisa este empatică, înțelegătoare și incredibil de
eficientă. Nu m-am conectat niciodată atât de bine cu un
terapeut. Am fost sincer surprinsă de cât de bine și de cât de
repede a reușit să mă înțeleagă și să mă ajute. Nu am cuvinte
să o pot recomanda suficient de mult, pentru că ea chiar m-a
ajutat să-mi schimb viața în bine.

# MULȚUMIRI

Mulțumesc tuturor culturilor, țărilor și oamenilor care m-au invitat să facilitez acest atelier ”Minciuni despre bani” în țara lor natală. A fost un mare privilegiu să facilitez schimbarea în limba dumneavoastră, a țării dumneavoastră și a relației dumneavoastră cu banii, într-un du-te-vino perpetuu.

Eliberarea din cuștile noastre financiare culturale și etnice este la fel de importantă precum crearea propriei realități financiare. Abuzul, sub orice formă, nu își are locul pe această planetă. Și aici vorbim de abuzul pe care ți-l faci ție însuți fiind altcineva cu banii tăi, gândind altceva despre tine și crezând narațiunea care nu ți se potrivește niciodată. Schimbă-te pe tine însuți și vei schimba lumea din jurul tău.

Iar acum du-te și primește ceea ce universul este dispus să-ți dea. Și primește tot, indiferent de situație! Te provoc...

*Această carte este dedicată tuturor celor care se confruntă cu
probleme legate de bani.*

*Pentru voi toți cei care simțiți că datoria sau grijile financiare în
care vă aflați sunt o mare gaură neagră din care nu veți ieși
niciodată.*

*Pentru voi toți cei care vă simțiți pierduți, confuzi, imobilizați,
îngroziți și neputincioși în ceea ce privește schimbarea realității
voastre financiare, împărtășesc aceste cuvinte cu voi ce aș vrea să
vă fie drept far călăuzitor pentru a putea depăși această situație.*

*Voi
sunteți cei care puteți face o alegere diferită.*

*Puteți avea viața pe care o doriți.*

*Puteți crea banii, numerarul, valutele, investițiile și vacanțele
care vă plac.*

*Alegeți-vă pe voi.*

*Dedicați-vă vouă.*

*Colaborați cu cei care conspiră să vă binecuvânteze.*

*Creați-vă pe voi*

# INTRODUCERE

Acum ai pus mâna pe o mină de aur.

Cel puțin, un teanc întreg de numerar și bani – pe oricare îi dorești (pentru că, așa cum am aflat împreună cu mii de clienți din întreaga lume, există o diferență).

Dar această carte nu este doar despre bani... Este vorba despre minciunile despre bani.

Și, sincer vorbind, dacă nu ajungi la fundul lor, te vor ține priponit ca pe o minge pe o sfoară legată de un stâlp, învârtindu-te în jurul aceleiași orbite la infinit.

S-ar putea să te surprindă faptul că aceste minciuni despre bani nu au nimic de-a face cu numerarul sau banii reali, dar au întru totul de-a face cu ceea ce utilizezi pentru a-ți crea ” fluxul de bani” – sau lipsa acestuia – în contul tău bancar, în portofoliu, investiții, carnet de cecuri și în buzunarul tău chiar acum.

Cu alte cuvinte, totul se actualizează ca fiind realitatea ta financiară.

Sună ca un efort imens sau poate este un pic copleșitor?

Dacă da, atunci vei fi încântat să descoperi, la fel ca oamenii care au participat personal la aceste ateliere, că pentru a începe să creezi o nouă realitate financiară pentru tine este nevoie doar de o schimbare de un grad.

Și oricine poate face asta, inclusiv tu.

După cum vei vedea, odată ce intri acolo și privești, cușca minciunilor și limitărilor începe să se cutremure și apoi să se prăbușească.

Și de acolo începe adevărul. Deci, cum se leagă acest lucru de bani?

Pentru că banii sunt o energie, la fel ca orice altceva. Noi suntem energie. Avem ATP în fiecare celulă a corpului nostru, adică adenozin trifosfat. Aceasta este energia spiritului, energia noastră imprimată sufletului.

Noi venim într-o formă. Banii vin într-o formă. Suntem cu toții energie, și totuși, noi o separăm de aceste minciuni.

Nu banii sunt problema – ci noi.

Nu are nimic de-a face cu orice din exterior și totul are de-a face cu ceea ce este în tine însuți și cu ceea ce sunt sistemele tale de credință. Are de-a face cu ceea ce crezi despre bani, cu ceea ce proiectezi asupra lor, cu ceea ce îi faci să însemne pentru tine, prin ce te definești și dacă îi ai sau nu.

Această carte este plină de lecții pe care le-am extras din câteva ateliere extraordinare, sau ”Degustătoare”, așa cum le-am numit eu, despre minciunile despre bani și pe care le-am ținut în diferite părți ale țării.

Din păcate, există anumite minciuni despre bani care plutesc insidios prin indivizi, prin familiile și culturile lor, transmise din generație în generație. În peste 20 de ani de practică privată, practică de grup și practică internațională, am văzut că banii sunt unul dintre cele trei motive principale pentru care oamenii vin la mine (celelalte fiind sănătatea și relațiile).

Am început să observ că există un tipar la clienții mei care aveau același "simptom inițial", în care puteau crea bani, dar nu i-au păstrat sau avut niciodată.

Alții au simțit că nu pot crea bani – și, prin urmare, nu i-au putut avea.

Dacă citiți această carte, bănuiesc că vă veți găsi propria experiență undeva în aceste pagini și, prin urmare, veți începe să aveți propria schimbare de un grad. Și când o veți face, eu îmi voi fi făcut treaba.

Pentru că minciunile despre bani se referă la confruntarea acestor trei întrebări:

- *Cine sunt eu?*
- *Ce sunt eu?*
- *Ce minciună am crezut și am făcut-o să devină realitate?*

Credeți-mă, nu este o muncă pentru cei slabi.

Dar este pentru aceia dintre voi care sunteți gata să vă trăiți ROAR®-ul – ceea ce eu numesc Realitatea voastră Radical Orgasmic Vie.

Este o lucrare pentru ROAR®-ul viclean din tine care spune:

"Gata. Nu mai merită să mă ascund în spatele acestor minciuni".

Și, să știi, chiar nu merită. Așadar, vino să-ți iei banii...

Pentru că banii din mâinile tale vor schimba lumea.

**1**

---

# PRIVIND LA ZERO

"Vă voi oferi doar o bucățică din "Minciunile despre bani" în seara aceasta", îmi amintesc că am spus publicului meu plin de viață din Maui când am mers acolo pentru un atelier despre "Minciunile despre bani". A fost un atelier riguros de cinci zile în care am încercat să eliminăm straturi multiple de traumă, judecată, judecată de sine și multe altele pentru toți oamenii care au venit pentru această experiență. Este întotdeauna un privilegiu și o responsabilitate uriașă atunci când oamenii își pun încrederea în tine și așteaptă ca rănile lor cele mai intime să se vindece prin virtutea ta. Și împărtășirea poveștii acelui atelier este o altă binecuvântare care îmi permite să mă conectez cu voi, publicul meu cititor. Și iată-ne ...

Este atât de interesant când vorbim despre bani, pentru că ei aduc această energie de blocaj. Există trei minciuni principale despre bani și, dacă te uiți la ele, vei descoperi că aceste presupuneri din interiorul tău sunt cele care creează realitatea financiară în care de fapt nu ești tu.

Dar tu crezi că problema ești tu.

I

Acum, asta s-ar putea să îți bage mintea în ceață pentru o clipă și s-ar putea să te simți pierdut.

Sper că mintea ta se va extinde, citind asta, pentru că ceea ce ne-am făcut nouă înșine în jurul acestui subiect al banilor se transpune într-o eliminare radicală a genialității noastre fenomenale creative.

Deci, ce îți oferă banii în această realitate? Îți dau libertate? Îți permit să faci o alegere bună? Îți oferă ceva luxos? Ce altceva îți mai oferă? Râsete?

Probabil că vă gândiți că există șanse să vă ofere securitate, divertisment, lux și așa mai departe. Și exact asta au spus participanții mei în Maui.

Într-adevăr, această realitate funcționează prin bani, totuși atât de mulți oameni au ținut banii departe de ei înșiși din cauza mai multor minciuni. Și voi aborda trei dintre aceste minciuni care funcționează exact ca o gaură în buzunarul vostru.

Acum, imaginează-ți banii. Personal, îmi păstrez banii în siguranță în portofel, adesea însoțiți de bancnote de 100 de dolari, toate prinse cu o clemă de bani din aur de 14 karate. Este grea – nici măcar vântul nu mi-i poate zbura.

Când mă uit la acești bani păstrați în siguranță, acest lucru mă face fericită. Când îi țin în mână, mă simt puternică. Mă simt creativă. Sunt cuprinsă de un sentiment înălțător când fac niște cumpărături și folosesc o parte din bani.

Când țin acești bani în portofel, știu că orice este posibil. Când mă uit în oglindă, știu că orice este posibil. Când privesc oceanul, știu că orice este posibil.

Cu toate acestea, cei mai mulți dintre noi ne uităm la bani și alegem să credem că totul este imposibil dacă nu îi avem.

Deci, aceasta este prima minciună despre bani: Mulți dintre noi cred că această bucată de hârtie are putere asupra noastră, că este mai puternică decât noi, că valorează mai mult decât noi. Are autoritate asupra noastră. Ne posedă.

Analizează modul în care te uiți la ea chiar acum. Uită-te la ceea ce apare în corpul tău chiar acum în timp ce te uiți la ea. Ascultă-ți mintea și ceea ce spui așa cum o vezi:

- *La ce te gândești?*
- *Ce judeci?*
- *Ce ai decis?*
- *Ce concluzie ai tras?*
- *Ce ai calculat? Și...*
- *Cum, poate, ai configurat că banii sunt un zeu al acestei realități în fața căruia trebuie să te închini și să îi juri credință, pentru a-i avea?*

Aceasta este o minciună.

Nu trebuie să faci sau să fii nimic pentru a-i avea. Trebuie doar să alegi să fii sau să faci ceea ce este potrivit pentru tine. Așadar, aceasta este prima minciună despre bani.

A doua minciună sună cam așa: Să zicem că ți-ai dus banii la terapia de cuplu. Pui banii pe scaun – tu stai pe scaunul tău – iar terapeutul te îndrumă pe tine și pe banii tăi să purtați o conversație despre relația voastră, folosind mesaje de tipul ”eu”.

Dacă ți-ar vorbi, ce ți-ar spune? Cât de bine ar fi tratați de tine? Ei sunt iubitul/iubita care doarme pe canapea și, prin urmare, nu sunt, de fapt, iubitul/iubita?

Sunt ei persoana care te părăsește și ar prefera să meargă la bar să stea cu prietenii lui, în loc să fie cu tine? Sau tu ești cel care iese și merge la bar pentru a fi cu prietenii tăi și nu vrei să fii cu el/ea? Ai putea chiar să te distrezi prefăcându-te că banii ar fi iubitul tău/iubita ta?

Aceasta este a doua minciună despre care vom vorbi, că banii sunt criminalul tău, temnicerul tău, iar tu ești sclavul lor. Și că, dacă nu îi ai, nu poți alege dincolo de ceea ce alegi acum. Și că nu îți vor oferi niciodată ceea ce ai nevoie.

Prin această minciună, îi vei critica întotdeauna. Vei fi întotdeauna sceptic față de ei. Nu vei avea niciodată încredere în ei. Vei dori să îi înșeli. Vei dori să faci chef cu ei. Nu îi vei salva niciodată. Nu îi vei avea niciodată. Întotdeauna îi vei cheltui. Nu vei alege niciodată să te înconjori de ei.

Observați că există o temă pentru toate aceste posibile variante? Această temă se află în fiecare dintre noi, în fiecare dintre voi.

Așadar, prima minciună este că banii sunt un zeu și tu valorezi mai puțin decât ei. A doua minciună este că banii sunt criminalul tău, eternul tău temnicer, și nu îi poți avea.

Care este a treia minciună? O puteți ghici?

Când am pus această întrebare în cadrul atelierului meu, toți participanții au avut fiecare răspunsurile sale unice și niciunul dintre ei nu a greșit. Așa că au răspuns cu lucruri precum: ”Nu vei avea niciodată destui bani”.

”Banii sunt ceva diavolesc”.

"Trebuie să muncești din greu pentru ei".

"Banii nu-mi pot cumpăra dragostea".

Și toate acestea sunt 100% exacte și adevărate pentru oamenii care simt asta și ceea ce este adevărat în această realitate. Aceste minciuni formează întregi sisteme de credință. Sunt judecăți. Sunt lucruri pe care le-am decis, judecat, concluzionat, ne-au calculat și configurat realitatea, inclusiv conturile noastre bancare, relațiile noastre, corpurile noastre, locurile noastre de muncă, treburile noastre casnice, hainele noastre și orice altceva.

Ei hotărăsc când putem merge în Hawaii, când nu putem, ce mâncăm când putem merge la Whole Foods sau Safeway, sau orice altceva.

Dar toate acestea sunt sisteme de credință.

A treia minciună este că *banii sunt o problemă*.

Nu banii sunt problema – noi suntem. Ce gândim despre ei, ce proiectăm asupra lor, ce îi facem să însemne pentru noi, prin ce ne definim, dacă îi avem sau nu.

Acestea nu sunt toate minciunile despre bani, dar sunt cele trei minciuni despre bani care mi s-au configurat foarte clar de-a lungul călătoriei mele personale. Și ele formează nucleul acestei cărți.

**2**

---

# CÂND AJUNGI LA FUNDUL SACULUI

Acum, fie că m-ați văzut vorbind sau nu m-ați văzut niciodată vorbind, probabil știți că, de obicei, încep cu o structură sau o schiță legat de ceea ce voi vorbi, și apoi, cu aproximativ zece minute înainte de curs, o arunc la gunoi pentru că mă conectez cu energia a tot ce intră și a tuturor celor prezenți.

Ascult ceea ce corpurile, ființele – energia tuturor participanților împreună – pot auzi și pot dori să audă. Acest aspect este mai important decât orice schiță, cel puțin pentru mine, pe care aș putea să o inventez. Și apoi întotdeauna, chiar dacă am aruncat-o, o aduc înapoi de dragul structurii și coerenței.

Așadar, cum reușesc să fac acest lucru? O parte din ceea ce fac provine din licența și titlurile mele ca doctor în psihologie și terapeut și ca practician de traume și somatic. Călătoresc la nivel internațional, am o emisiune radio și organizez ateliere – lucrul cu corpul, lucrul cu energia – peste tot în lume.

Dar mai sunt câteva lucruri care m-au diferențiat să pot să intru într-o clasă, să-mi arunc schița și să vorbesc cu ceea ce este aici în sală – și asta se bazează pe energie. Pentru a răspunde cum, permiteți-mi să împărtășesc cu voi câteva lucruri care au lăsat urme de neșters asupra mea.

În urmă cu aproximativ 15 ani am fost diagnosticată cu o boală care îmi punea viața în pericol. Atunci mi-am dat seama că am o mare problemă cu banii. Dacă te îmbolnăvești, vei afla că asistența medicală din SUA nu acoperă alegerile naturiste. Ai putea cu ușurință să-ți pui la bătaie pensia, casa, investițiile, portofoliul și așa mai departe. Și exact asta am ales să fac, în mod conștient, și de aceea sunt încă aici.

Când am fost diagnosticată pentru prima dată, doctorul mi-a spus că cel mai bun lucru pe care îl pot face este să trăiesc cu medicamente pentru tot restul vieții mele și că va trebui să scot un organ sau două, poate trei sau patru odată ce boala va ajunge la ele. Cine putea ști? Așa că mi s-au oferit trei opțiuni: să rezolv situația, să trăiesc cu medicamente sau să îndepărtez un organ.

La acel moment aveam doar 30 de ani și i-am spus endocrinologului: "Ei bine, trebuie să existe o altă opțiune".

Nu-l voi uita niciodată, pentru că el a fost unul dintre principalele motive pentru care am apelat la metodele energetice pentru a vindeca, schimba și face diferite alegeri în viața mea – posibilități diferite – în viața mea fizică, emoțională, spirituală, financiară și energetică.

Mi-a spus că nu am de ales. Nimic altceva nu era posibil.

Așa că am plecat și nu l-am mai văzut niciodată, ceea ce m-a condus pe calea către Theta Healing® Institute (acum în Montana), unde am rămas timp de trei luni.

În trei săptămâni, am vindecat boala. A durat puțin mai mult pentru a vindeca întregul corp de toate problemele. Acest lucru se datorează faptului că vindecarea energetică și medicina naturistă privesc holistic întregul corp.

Pe de altă parte, endocrinologul folosește medicina alopată pentru a privi doar prin sistemul endocrin și câteva organe și sisteme conexe ale corpului. Nu vorbesc neapărat rău despre endocrinologi sau medicina alopată. Încă îi folosesc. Aceasta este doar experiența mea.

Când am făcut această alegere și am văzut ce se poate întâmpla cu energia, am știut că există altceva în această viață care se întâmplă din punct de vedere energetic. Și am ales să-mi schimb întreaga practică de la a fi un doctor tradițional în psihologie și cu ședințe săptămânale la o facilitare mai mult de grup, la lucrul cu energia, energia de vindecare și intrarea în sistemele de credință și limitări prin ceea ce gândim psihic și psihologic și care creează disconfort și boală în organism.

Bine, dar cum se leagă toate acestea de bani?

Ei bine, trebuia să câștig mai mulți bani. M-a costat aproximativ un milion de dolari să mă vindec. Eram bolnavă. Eram în cabinetul naturopatului probabil de două sau trei ori pe săptămână, opt ore pe zi, făcând teste la nesfârșit. Injecții, terapie intravenoasă, orice. Și, în același timp, mergeam la institut pentru a-mi obține diploma de master – pentru că, desigur, aveam nevoie de o altă diplomă.

Dar, în tot acest timp, am văzut că factura continua să crească și pensia mea scădea. Am văzut casa și terenul pe care voiam să o construiesc, planul și tot ceea ce mi-am propus pentru viața mea începând să se prăbușească la 30 de ani. Am crezut că acesta este sfârșitul.

Și apoi a venit adevăratul sfârșit ... Zero.

Poate știți la ce mă refer.

Soldul meu bancar, da.

Am atins acel punct "zero" și am fost îngrozită. Am crescut în New York. Tatăl meu a muncit din greu când era în domeniul imobiliar. Ne-a ținut în facultate. Am avut întotdeauna un loc de muncă. Noi am lucrat întotdeauna. Am avut întotdeauna banii noștri. Am învățat mereu. El ne-a învățat cum să economisim, ce să facem, toate aceste lucruri.

Nu eram familiarizată cu "zero"... până atunci.

Lucrez de la vârsta de 9 ani. Mi-a plăcut micul meu traseu de livrat ziare vecinilor. Mama avea o mașină break cu caroserie din lemn și ne plimba cu ea. Oricum, era distractiv. Și am iubit Crăciunul. Știți voi, pentru banii de îi strângi la Crăciun.

Îmi place mirosul banilor. Îmi place gustul banilor. I-aș gusta și mirosi literalmente. În vacanțele mele de vară din facultate am lucrat în bancă; în fiecare vineri, intram în seif. Stăteam acolo și doar miroseam și respiram banii.

Tatăl meu a fost antreprenor. Eu sunt antreprenoare. Nu am mai lucrat pentru nimeni de când aveam 20 și ceva de ani. Tata mi-a spus când eram foarte tânără: "Lisa, nu există doar o lume a bărbaților. Există o lume a femeilor. Fă doar ceea ce îți place. Lucrează întotdeauna pentru tine. Fii propriul tău șef și du-te și fă niște milioane".

El era un băiat sărac din Brooklyn. A primit o bursă de fotbal la facultate, apoi a intrat în armată și a primit o educație în acest fel. A fost un imigrant irlandez la a 2-a generație. Mama mea a fost o imigrantă italiană la a 2-a generație. Munca grea făcea parte din cultură. Educația făcea parte din cultură. Toți lucrau în New York genul ăsta de lucruri.

M-am dus în California și mi-am pus în schimb în picioare încălțămintea Birkenstock (*Nota traducătorului: Birkenstock este marca germană care, conform multora, produce "cei mai comozi pantofi din lume"*) , dar banii erau o dragoste de-a mea. Am avut o poveste de dragoste cu banii. Știți cum miros? Ce gust au? Era ceva în legătură cu asta. Și chiar atribui asta tatălui meu. Mi-a arătat puterea de a face afaceri, de a-ți ține cuvântul și de a colabora cu alții.

Avea 16 sau 17 clădiri de apartamente diferite la un moment dat. Treaba mea era să număr banii și să-i pun în teancuri de bani pe masă în biroul lui de la subsol. Nu am vrut să fac nimic altceva. Nu am vrut să merg nicăieri altundeva. Oamenii pot merge să se joace. Ei pot merge să joace jocuri de modă. Pot să meargă la mall, să facă ce naiba vor, dar eu am vrut să fiu lângă bani. Am vrut să-i miros, să-i gust. Dacă aș fi putut să îi pun în jurul meu, aș fi făcut-o.

Apoi am ajuns la treizeci de ani și aveam zero în contul meu bancar.

Unde urma să locuiesc dacă eu continuam astfel? Ce urma să mănânc? Ce urma să-i spun mamei mele? Cum aveam să-i spun tatălui meu?

Mai exact, cum aș fi putut să mă uit în oglindă la mine? Adică, în acel moment, aveam diploma de master. Am fost coordonatorul terapeutic al unui centru de tratament din Arizona. Am practicat foarte puțin timp.

Apoi m-am îmbolnăvit.

Și când te îmbolnăvești, întreaga ta lume se schimbă.

Așadar, a trebuit să mă uit cu adevărat la acel "o" în mod repetat – și să fac cu adevărat o alegere, deoarece aș fi putut muri.

Puteam să mă duc acasă, ceea ce m-ar fi omorât, dar puteam să mă duc acasă.

Puteam merge la un prieten. Puteam vinde totul.

Puteam continua să merg la muncă. Puteam munci mai mult, dar era greu să muncesc, bolnavă fiind.

Așadar, ce aveam de gând să fac?

Atunci am început să mă întreb: "Bine, cum poate cineva, care este atât de sănătos, să se îmbolnăvească dintr-o dată atât de mult?" Probabil că nu fusesem atât de sănătoasă. Boala nu apare peste noapte. Puteți primi un diagnostic peste noapte, dar o boală se construiește de-a lungul anilor și deceniilor. Atunci a fost momentul în care și modul în care Universul mi-a arătat semnele. În acel moment, am știut că trebuie să-mi schimb realitatea, inclusiv realitatea financiară.

Erau minciuni după care îmi trăiam viața și care creau cumva această boală, actualizându-se ca o boală în corpul meu – de fapt un punct de alegere pentru a trăi sau a muri. Și totul s-a întâmplat pentru că mi-a fost luat singurul lucru pe care nu l-am avut niciodată.

Dacă banii nu ar fi fost luați și acel "zero" nu ar fi venit, vreau să înțelegeți acest lucru: nu aș fi ascultat. Aș fi continuat cu modul în care trăiam pentru că nu aveam nicio problemă, nu?

Ei bine, se pare că a existat o mare problemă.

Sinceră să fiu, aveam tendința de a strânge bani. Mărturisesc că am o afecțiune sinceră pentru ei. Chiar da. Am convingerea că atunci când posed și cheltuiesc bani, influențez conștiința a ceva.

Pe măsură ce mă implic în munca mea, întreaga lume prinde viață – India, Hong Kong, Taiwan, Hawaii, California, Colorado, Florida și orice alte locuri în care am ținut cursuri. Când experimentezi un moment de conștientizare, acel moment "Aha", sunt bani bine cheltuiți pentru a mă aduce aici. Contribuie la creșterea conștiinței. Nici măcar nu știu ce se va întâmpla, dar îmi vor crește cumva contul bancar.

De fapt, voi crește la toate nivelurile: energetic, psihic, spiritual, psihologic, precum și financiar. Vreau totul. Dar nu vreau totul doar pentru mine, vreau pentru noi toți.

Așa cum am spus mai devreme, voi sunteți oamenii de care avem nevoie pe acest Pământ și de care am nevoie pentru a avea bani. Vă cer să aveți bani. Îmi doresc ca voi să aveți bani. Nu doar pentru a-i cheltui, ci pentru a-i avea, pentru a schimba conștiința pe această planetă, pentru că am o țintă mai mare decât oamenii pe care îi văd pentru câteva ore.

Scopul meu este să eliminăm și să eradicăm toate formele de abuz de pe această planetă și să mă asigur că toți indivizii pot alege să trăiască viața radical și orgasmic.

Știți cât de mult abuz financiar există pe această planetă? Câți dintre voi ați fost abuzați financiar? Chiar dacă tatăl meu m-a învățat toate aceste lucruri, a existat și o mare minciună în familia mea.

Am fost un copil care făcea modelling în New York și au existat acte și evenimente de nedescris la care am fost forțată să particip la acea vârstă foarte fragedă. Oamenii au fost plătiți pentru actele la care am fost forțată să particip, dar eu nu am fost plătită.

Și m-a costat mult acest abuz 30 de ani mai târziu.

Nu trebuie să ai o poveste extremă. Unii dintre voi vor rezona cu ceea ce am spus, iar unii dintre voi nu vor avea nicio idee despre asta. Nu vă spun: "Hei, vino aici și experimentează asta".

Dar chestia cu banii, da, aș vrea ca toți să vă scăldați în bani. Să-i puneți pe voi și să vă înconjurați de ei. De fapt, asta e joaca ta pentru acasă: Du-te și ia cât mai multe bancnote de 100 de dolari sau de 50 de dolari. Pune puțin lipici pe ele și acoperă-te cu ele.

Ok? Doar fă-o și distrează-te cu banii. Poți invita pe cineva, pe oricine dorești. Să sperăm că, dacă ești căsătorit/căsătorită, este persoana de lângă tine, dar poate vrei pe altcineva lângă tine.

Vrei să inviți altceva – despre asta vorbesc – o realitate radicală, orgasmică, vie. Banii nu trebuie să fie un subiect atât de dificil. În situația mea extremă, credeți-mă, nu a fost distractiv. Cu toate acestea, așa arată când cineva s-a întors și s-a uitat, a intrat și a curățat. Să pot sta aici și să cred că am ceva de împărtășit. Trebuie să mă întorc și să privesc.

Și știi ce? În aceste zile, este ca și cum tatăl meu mi-ar fi făcut un cadou. El m-a învățat că banii nu sunt despre gen. Nu era vorba despre locul de unde vii, despre educația sau formarea ta. Nici măcar nu era vorba că trebuia să muncești din greu.

A fost alegerea de a fi ceea ce ai vrut să fii.

Tatăl meu a muncit din greu și a jucat din greu. Am fost la mai multe Super Bowl-uri și la mai multe evenimente sportive decât aș putea să vă spun vreodată. Tatăl meu era fan Yankees, așa că eram acolo în fiecare miercuri, vineri și weekend. A fost un fan al echipei de fotbal New York Giants. Duminica eram acolo. La hochei, la New York Rangers, eram luni, miercuri, vineri. Și ne târa la Madison Square Garden să vedem meciurile celor de la New York Knicks. Și noi asta făceam.

Le-a spus tuturor prietenilor mei. Fratele meu, sora mea și cu mine trebuia să invităm fiecare doi sau trei prieteni să intre la meciuri cu biletele sale. Ieșea pe stradă să cumpere o strapontină de 5 $, astfel încât toți copiii lui și prietenii lor să poată merge la meciuri. Nu a fost neapărat pentru că avea bani din abundență; A fost pur și simplu modul în care a ales să trăiască. Deși nu mai este printre noi, îi sunt veșnic recunoscătoare pentru acele momente. În cei 25 de ani de practică a terapiei la nivel internațional, național și local, nu am întâlnit pe nimeni altcineva care să fie crescut într-un mod atât de unic atunci când a venit vorba de bani. Este o realitate neobișnuită.

Dar când boala m-a lovit și am ajuns în cel mai de jos moment, mi-a smuls acea strălucire, acea bucurie, acel zâmbet molipsitor despre care vorbesc adesea – totul a dispărut când m-am confruntat cu acel zero financiar.

Aş fi putut ceda devenind o victimă, o persoană care se luptă cu boala, disperată, renunţând la tot, fără nicio dorinţă de a ajuta pe nimeni, nici măcar pe mine. Aş fi putut alege să renunţ complet la viaţă.

Dar am decis să îmbrăţişez viaţa pentru că, indiferent de poveştile noastre individuale sau de experienţele trecute, indiferent cât de dificile ar fi fost, ne păstrăm în continuare puterea de a alege. Întrebarea cu care ne confruntăm este următoarea: Alegem să trăim într-o realitate definită de minciuni sau una construită pe adevăr? Ne vom concentra asupra abundenţei sau a lipsurilor? Ce realitate vrem să creăm?

Înţeleg că ar putea suna mult prea simplist. Credeţi-mă, am înţeles, mai ales când te simţi prins în nisipuri mişcătoare, prins într-o minciună. Falsitatea pare atât de concretă încât o recreezi involuntar în mod repetat. Se solidifică, ceea ce face din ce în ce mai dificilă puterea de a imagina ceva diferit.

Iată adevărata întrebare: Zâmbeşti? Găseşti fericire îmbrăţişând minciunile despre bani?

Dacă nu, atunci căutaţi acea moleculă minusculă din corpul vostru, acea inocenţă copilărească pe care tatăl meu mi-a insuflat-o – o inocenţă în ceea ce priveşte creaţia, afacerile, munca, distracţia, bucuria şi alegerea de a fi propriul meu şef. Nu trebuie neapărat să fii propriul tău şef, dar poţi îmbrăţişa această mentalitate chiar dacă lucrezi pentru altcineva. Este vorba despre alegerea de a vedea posibilităţi, mai degrabă decât să te concentrezi asupra limitărilor. Totul este posibil.

Aceasta este o frântură din povestea mea, dar cum rămâne cu minciunile tale financiare? Ce alegeri ai putea respinge în timp ce îmbrățișezi minciunile despre bani, îți vei spune... Minciunile pe care le alegi în mod activ? Și care este adevăratul cost al credinței persistente în aceste minciuni legate de bani? Ce ai face dacă ai sta la calculator, așa cum am fost eu în acea zi, privind la acel zero, speriată, planificând planul B, strategia de ieșire?

Având în vedere situația ta financiară actuală, ce alegeri sau creații ai putea face?

Și iată minciuna mea preferată – și întrebarea – pe a cui realitate financiară o trăiești?

Când eram la cel mai de jos nivel, a trebuit să îmi pun întrebarea: "Ce anume îmi place în a fi la zero? Ce anume îmi place să fiu într-o stare de dramă și catastrofã? Ce anume îmi place să fiu bolnavă? Ce anume îmi place la moarte? Din ce îmi doresc cu ardoare să ies? De ce m-am săturat?"

Și nu să pun întrebarea: "Poți să mă scoți la cafea pentru că nu am bani și sunt foarte speriată, iar șeful meu este un fiu de cățea și nu pot merge la părinții mei pentru că știi că mă urăsc și vor folosi această situație împotriva mea pentru tot restul vieții mele... și, și, și, și..."

Nimic din toate acestea.

Pentru a înțelege cu adevărat situația ta, trebuie să te întrebi: "Ce fac pentru a crea asta? Ce alegeri fac pentru a perpetua aceste tipare? De ce mă angajez în comportamente care mă fac să simt că renunț? Cum mă las înșelat? Ce acțiuni întreprind pentru a-mi limita potențialul?"

Această introspecție este lucrarea provocatoare care dă naștere minciunilor și auto-înșelăciunii. Narațiunile pe care le construim acționează ca niște lentile colorate de negare, protejându-ne de confruntarea cu adevărul. Adesea preferăm să menținem o fațadă de superioritate și să avem dreptate, mai degrabă decât să ne adâncim în realitatea din spatele cortinei.

Eu, personal, prețuiesc confruntarea cu adevărul. Vreau să mă uit în oglindă și să recunosc autenticitatea, mai degrabă decât să inventez narațiuni. Chiar și atunci când mă surprind fabricând povești, le îmbrățișez cu onestitate. De exemplu, dacă furia iese la suprafață, mă introspectez, întrebând: ”Unde am afișat un comportament similar?” Iar când apare judecata, mă gândesc: ”Unde am experimentat acea judecată?”

Mă străduiesc să depășesc aceste construcții limitatoare, valorificând factorii declanșatori în avantajul meu și transformându-i în oportunități de creștere personală și financiară. Mai târziu, voi împărtăși câteva tehnici despre cum să realizăm acest lucru.

Acum, discutând aceste aspecte în emisiunea mea săptămânală de radio în fața unei audiențe de 205 000 de oameni din întreaga lume a necesitat curaj. În ciuda acreditărilor mele în comunitatea de sănătate, în special cu practici precum Theta Healing®, care implică lucrul cu energia creativă a universului, recunosc că adoptarea abordărilor neconvenționale poate fi descurajantă.

În ciuda faptului că dețin licențe și titluri în domeniul sănătății convenționale, eu îmbrățișez o perspectivă mai largă. Aceste acreditări, deși valoroase, nu mă limitează la o cutie structurată. În schimb, ele servesc drept atuuri, atrăgând interesul unei audiențe globale și deschizând uși pentru colaborare și oportunități. Mesajul aici nu este să te lauzi, ci să subliniezi importanța valorificării oricăror abilități și atuuri pe care le deții în avantajul tău.

În esență, toată lumea posedă ceva valoros. Este vorba despre recunoașterea și utilizarea acestor calități unice pentru a crea o realitate dincolo de limitări.

Fiecare dintre voi este elegant și genial. Mi-am scris disertația despre asta, așa că pot spune că știu. Se numește amprentarea sufletului, la fel cum amprenta noastră este unică pentru fiecare dintre noi. Aceasta este amprenta sufletului tău. Fiecare dintre voi are o amprentă unică a sufletului care se imprimă pe buzele realității.

A mea se întâmplă să facă parte din ceea ce fac astăzi aici. A ta este orice faci sau ești – sau ceea ce refuzi să faci sau să fii – dar o ai.

# 3

# TU PE-A CUI REALITATE FINANCIARĂ O TRĂIEȘTI?

Așadar, cum devine cineva responsabil de realitatea sa la fiecare nivel, pornind din adâncul minții sale și până la lumea fizică tangibilă pe care o trăiește zilnic? Putem începe de la minte. De fapt, în cadrul atelierului meu, unul dintre participanți a pus această întrebare crucială. Ea a spus: *"Ei bine, mă gândeam doar la problema subconștientă din spatele banilor, ca să nu spun că am probleme cu banii. Poți obține întotdeauna mai mulți bani, iar eu aș putea să îi obțin cu ușurință, așa că mă gândeam ce m-ar putea reține, chiar dacă aș pune acele întrebări și altele. Cum aș face asta?"*

Întrebarea ei a fost fundamentală, iar răspunsul constă în a-ți pune o altă întrebare fundamentală: Tu pe a cui realitate financiară o trăiești?

Înainte de a-ți pune această întrebare, observă dacă ai corpul ușor sau greu. Și vezi schimbarea pe care această întrebare o aduce în corpul tău.

Când am pus aceste întrebări în cadrul atelierului meu, participanții au avut răspunsuri unice.

”Bine, deci tu pe a cui realitate financiară o trăiești?”

”Pe cea a unchiului meu”.

”Pe cea a părintele meu”.

”Pe cea a tatălui meu”.

”Pe ce a talentului meu”.

Și cu răspunsurile lor, fiecare a simțit o schimbare în energia proprie. Unii se simțeau mai fierbinți, alții mai reci, unii se simțeau ușori, alții grei. Era o cameră plină de schimbări de energie; Iată cât de puternică poate fi o singură întrebare.

Așadar, dragă cititorule, tu pe a cui realitate financiară o trăiești?

Identifică ce aduce acest lucru pentru tine și încearcă să distingi între adevăr și minciună/minciuni. Minciunile care au fost țesute de lumea din jurul nostru, de sistemele noastre școlare, de mamele, de tații și de șefii noștri. Aceste minciuni influențează foarte mult modelarea realității noastre financiare.

Așadar, dacă realitatea ta financiară este a ta, este minunat. Dar oriunde realitatea ta financiară are o limită sau un plafon, asta este tot ce poți avea și nimic mai mult. Unde ai decis: ”Este a mea. Este a mea. Este a mea. Este a mea. Este a mea. Este a mea. Și asta e tot ce poate fi”.

Dar trebuie să spulberăm această mentalitate și știți de ce. În cadrul atelierului meu, participanții au considerat că acest lucru este limitativ. Un participant a remarcat destul de înțelept: *”Ne limităm prin a deține ceva ca fiind al nostru și asta îl rezumă la tot ce poate fi și nimic mai mult ...”*

Și așa este, e ceva de genul: "Nu ne mișcăm. Acesta este al meu și atât". Ei bine, orice este al tău și sintagma "asta este" are un pic de superioritate. Și orice lucru cu superioritate ar putea arăta puțin ca Donald Trump.

Știu că sună ca o super-judecată, dar haideți să vă explic: Donald Trump a avut milioane de dolari și le-a pierdut. Milioane de dolari și le-a pierdut. Milioane de dolari și le-a pierdut. Nu, nu votez pentru Donald Trump când spun asta, bine? Aici stau și mă gândesc, bine, nu-mi place de el, dar ce pot învăța de la el?

Și mă gândesc la afacerea lui. Nu-l cunosc, dar mă gândesc: "Ce pot învăța de la cineva la care nu aspir să fiu ca el, să imit ceva sau chiar să-mi placă să privesc. Ce pot învăța de la el? Există o genialitate pe care o are în ceea ce privește banii și afacerile".

Nu trebuie să am bani și să fiu așa, dar pot primi molecular și celular ceva ce nu știu. El este cumva mai bun decât mine la bani și vreau să fiu mai bun pentru mine, astfel încât să pot schimba lumea din perspectiva realității mele financiare.

Realitatea financiară a fiecăruia are ceva să ne învețe. Dacă ai ceva să mă înveți despre asta, o voi permite și o voi primi de la tine.

Sau, dacă nu-ți place de cineva, uită-te unde te închizi și îndepărtează-l. Știi că fiecare judecată pe care o primești și fiecare judecată pe care o permiți prin tine îți mărește sau scade contul bancar? Judecățile tale despre tine și despre ceilalți permit fluxul de bani sau îl refuză. Imaginează-ți câți bani ai fi câștigat dacă nu ai fi lăsat judecățile limitative să-ți împiedice fluxul de energie, adică banii. Cu toate acestea, cu toții judecăm lucrurile într-un mod limitat.

Când i-am întrebat pe participanții la atelier ce judecăți au despre ei înșiși, au dat răspunsuri diferite la care cred că mulți dintre noi ne putem raporta.

*"Cred că sunt cel mai groaznic față de mine. Sunt drăguț cu toți ceilalți, dar nu cu mine însumi".*

*"Nu sunt suficient de bun".*

*"Pot face mai bine".*

*"Simt că sunt un ratat".*

*"Nu sunt suficient de bun. Pot face mai bine și este greu să spun asta uneori".*

Gândindu-se și împărtășind aceste judecăți despre ei înșiși, acești participanți au descoperit minciuni în care au crezut. Și aceasta este o eliberare somatică. Poți face și tu acest lucru și să-ți dai seama, într-o clipă, cum îți scoate la iveală invențiile și minciunile despre tine, cele care te împiedică să-ți atingi adevăratul potențial, chiar și financiar.

Reflectând asupra experiențelor trecute, îmi amintesc un moment transformator din timpul atelierului din Maui, unde am îndrumat un participant să-și recunoască excelența în eșec. Și i-am spus să spună: "Sunt cel mai bun ratat", în loc să spună: "Sunt un ratat". Contrastul dintre a declara: "Sunt cel mai bun ratat dintre cei pe care îi cunosc" și eticheta autodistructivă "Sunt un ratat" a evidențiat înclinația sa de a folosi eșecul ca scut pentru a rămâne neobservat. A devenit evident că alegerea de a se identifica drept un ratat a servit scopului de a rămâne mic și de a evita vizibilitatea.

Participantul a recunoscut că a minimalizat bunătatea vieții sale, temându-se de invidia altora. Realizarea a arătat că, prin reținerea adevăratelor lor sentimente și realizări, ei perpetuau o minciună, împiedicând nu numai exprimarea lor autentică, ci și limitarea fluxului abundenței în viața lor.

Dar înainte de a-i lăsa pe alții să-ți preia viața cu gelozia, judecățile, criticile sau pur și simplu cu nesiguranța lor, gândește-te la puterea pe care TU o deții. Ce se întâmplă dacă ceea ce spui inspiră pe cineva să facă o alegere diferită? Ce se întâmplă dacă apari în timp ce inspiri pe cineva să facă o alegere diferită? Câți bani îți va aduce asta și câți bani vor face ei în timp ce răspândesc abundența pe planetă?

Voi sunteți oamenii care pot schimba lumea.

Voi sunteți oamenii în mâinile cărora trebuie să stea banii, deoarece cu conștiința voastră veți schimba realitatea de pe această planetă. Schimbarea de un grad pe care o faceți chiar acum, care trece de la invenție și minciună la adevărul deschiderii spre lumină, distracție și libertate, vă va schimba realitatea financiară.

Așa cum a spus tatăl meu: ”Fii propriul tău șef. Nu există doar o lume a bărbaților. Nu există doar o lume a femeilor. Fă ceea ce îți place. Dacă vei lucra pentru cineva, iubește-l. Vrei să fii propriul tău șef? Fii propriul tău șef”.

Deci, care este acel lucru pe care îl poți alege chiar acum pe care nu ai decis niciodată să îl alegi? Ce ai alege să faci în afara zonei tale de confort?

Înainte de a avea un cabinet complet, nu aveam nici măcar un singur client. Aveam un birou, așa că m-am dus la birou și mi-am stabilit întâlnirile în calendar. Nu erau oameni și scriam doar ”Clienți uimitori” în programul de 60 sau 90 de minute. Stăteam în biroul meu în acel timp, luam o pauză după cele 60 sau 90 de minute, apoi mă întorceam înăuntru. Îmi cream cărți de vizită, pliante, pachete sau dădeam un telefon și le spuneam oamenilor ce făceam.

Uneori, vizitam o librărie, planificam un atelier de grup, participam la un alt curs sau mergeam la antrenament. Și de fiecare dată când cineva mă suna, completam locul liber cu numele persoanei respective care urma să participe la ședința cu mine.

Am continuat să merg și să merg pentru că am ales să nu cred minciuna că dacă ajung acolo, cineva se va simți rău. În schimb, am crezut adevărul că, dacă ajung acolo, va mai ajunge și altcineva acolo. Ceva îi va inspira să colaboreze cu mine.

Asta înseamnă să treci peste minciună.

Pentru a trece peste minciună, trebuie să acționezi. Trebuie să o faci.

4

# CE VOR BANII?

Lucrez cu o mulțime de oameni care tranzacționează pe piețele financiare. Uneori, se blochează și continuă să meargă pe aceeași tranzacție. Nu vor să o părăsească și pierd. Ei cred că este un eșec în loc să se miște. Când adevărul este că, dacă ceva nu funcționează și devine dificil și dens, trebuie să te miști. Redu-ți pierderile și mișcă-te. Ei vor ajunge acolo, iar tu vei câștiga în clipa următoare, în altă parte, dar nu va apărea niciodată așa cum crezi tu că o va face. Deci, nu-ți poți folosi capul.

Când mintea ta este sincronizată cu corpul tău, experimentezi un sentiment mai mare de libertate. În viața mea personală și în afaceri, prioritizez ascultarea. Sunt atentă la senzația de ușurință, deoarece semnifică direcția corectă pentru mine. Dacă ceva se simte dens, greoi sau prea complicat și dacă mă confrunt în mod repetat cu obstacole, nu mă împotrivesc persistent. În schimb, recunosc nevoia de a reevalua și explora căi alternative. Nu continuu să mă lovesc cu capul de perete.

Eu spun: "Ah, trebuie să pun mai multe întrebări. Trebuie să merg în altă parte". Apoi întreb: "Cine sau ce poate face acest lucru mai ușor imediat? Unde trebuie să merg? Cu cine trebuie să vorbesc? Cine mă poate ajuta? Ce alte informații solicit? Cine are aceste informații?"

Nu știu cum se întâmplă, dar întotdeauna găsesc o soluție cumva. Primesc un e-mail sau un mesaj text. Văd ceva pe calculator. Citesc ceva în corespondență sau vorbesc cu un prieten și îmi spune: "Hei, această persoană caută asta" și este exact ceea ce am nevoie. Așa mi-am găsit contractanții pentru afacerea mea.

Așa că data viitoare, în loc să întrebi dacă ar trebui să mergi aici sau acolo, doar du-te acolo și pune mai multe întrebări. Ai nevoie doar de mai multe informații.

Amintește-ți, afacerea ta este propria entitate; Trateaz-o ca și cum ai face asta cu o altă persoană. Afacerea ta are un scop și obiective; Trebuie să comunici cu ea. Afacerea mea se numește "Live Your Roar" (*Nota traducătorului: Trăiește-ți răcnetul*"). Ea are scopul său. Eu am o țintă. Am ascultat-o și oriunde mă mișc în afacerea mea, îi pun mereu întrebări.

Așadar, ai nevoie de mai multe informații începând chiar de aici. Pune-ți întrebări precum:

*Ce alte informații pot adăuga aici?*

*Cine deține aceste informații?*

*De unde pot obține aceste informații?*

*Ce pot face?*

.  .  .

Întreabă-ți afacerea:

*Ce ți-ai dori astăzi?*

*Care este ținta ta?*

*Ce necesită cea mai mare atenție din partea mea?*

*Unde pot ajuta să câștig mai mulți bani?*

*Ce trebuie să creez pentru a face asta?*

*Pe cine trebuie să angajez?*

*Cu cine mai trebuie să vorbesc?*

*Unde trebuie să merg?*

*De câți bani am nevoie?*

Să creezi o legătură puternică de încredere cu afacerea ta și cunoașterea reciprocă, aceasta este ceea ce eu numesc vitalitate radicală.

Există 4 C-uri pentru o vitalitate radicală: Choosing you (Să te alegi pe tine), Committing to you (Să te dedici ție), Collaborating with the universe that is conspiring you to bless you (Să colaborezi cu universul care conspiră să te binecuvânteze și Creating your living from there (Să-ți creezi viața începând de acolo).

Acestea sunt cele patru principii ale tale și cele patru principii ale afacerii. Alege pentru tine, dedică-te ție. Colaborează cu universul conspirând să te binecuvânteze și apoi creează și mergeți mai departe împreună.

Fac o emisiune radio numită ”Beyond Abuse, Beyond Therapy, Beyond Anything” (*Dincolo de abuz, dincolo de terapie, dincolo de orice*), corect? Suntem în direct de doi ani și jumătate. În primele 13 săptămâni, am fost în Top 3 din Top 10 la Empowerment Channel și am rămas în Top 5 de la începutul emisiunii.

Am ascultat această afacere în fiecare zi. În această dimineață, m-am trezit, am făcut o emisiune radio în direct și am ascultat afacerea.

În fiecare săptămână, trebuie să creez un spectacol live: conținut nou, original, o descriere a spectacolului, citate din social media și subiecte. Ascult și spun, ”OK, Pământ, univers, lume, 205 000 de oameni care ascultă, despre ce vreți să vorbim azi?”

Bam.

Nu-mi intru în propria minte și spun: ”Ce trebuie să fac pentru Voice America?” Întreb: ”Ce energie mă cheamă să vorbesc despre ea acum?”

Ce te întreabă afacerea? Literalmente, poate că asta îți învârte capul - să intri în contact cu ceea ce este acum în afara ta.

Afacerea ta este o energie și o entitate în sine.

Las-o să crească. Las-o să vuiască. Scoate-ți capul din rezultate și bagă-ți capul în posibilități. Va fi ușor să desenezi și să actualizezi oamenii, locurile, situațiile și evenimentele care vor corespunde colaborării în numele tău.

Interesant este că există momente când, din cauza minciunilor noastre despre bani, împrejurimile noastre lucrează pentru a se opune obiectivelor noastre. Ele devin limitatoare. În cadrul atelierului meu, unul dintre participanții mei se confrunta cu aceeași dilemă. Așa că, atunci când am vorbit despre a lăsa afacerea și banii noștri să crească, ea a pus o întrebare care descrie situația ei.

Iată ce a spus: *"Are sens când vorbești dacă banii tăi te plac. Am această imagine în minte, că este o relație în care apar sexy purtând o apă de colonie de 300 de dolari. Dar apoi ne așezăm să vorbim și e ceva de genul: "Ah, încă mai faci asta? Mama ta este încă așa? Încă fumezi?"*

Auzind despre situația ei, am întrebat-o dacă ea și viziunea ei se judecă reciproc. Deci, vă judecați reciproc? Iar ea a răspuns:

*"Nu știu dacă mă judecă, dar este ceva de genul: "Te iubesc, dar nu te mai iubesc dacă încă mai faci asta. E ca și cum te-aș iubi și trebuie să fii așa și așa".*

Era clar că dragostea ei era încurcată în așteptări și condiții. Era o dragoste condiționată, o iubire cu care nu s-ar mulțumi niciodată dacă ar avea un partener, dar cu care este în regulă când vine vorba de bani.

Atunci am decis să explorez sentimentele participantului legate de control, superioritate și reticența de a primi bucurie. Ea a negat că ar fi o persoană care controlează și a pretins că este liberă în alte privințe. Așa că i-am pus o altă întrebare importantă: "Ce îți place la aceste condiții?" Și atunci lucrurile au început să se lămurească; Ea a menționat că este o "chestiune de superioritate" pentru ea.

Această relație condiționată pe care o avea cu banii îi limita bucuria, și totuși își spusese această minciună că banii o făceau superioară. Și își limitase bucuria încă de la vârsta de șapte ani.

Dar chiar când a descoperit minciunile, și-a spus și a făcut un exercițiu de respirație, a reușit să creeze o schimbare fiziologică și psihologică de un grad de care avea nevoie. Când a înțeles că a îndepărtat bucuria de la vârsta de șapte ani, s-a mișcat pentru a face o schimbare.

Acesta este modul în care minciunile noastre despre bani sunt perpetuate, ducând la conflicte interne și la o lipsă de abundență. Și nu avem nevoie decât de o schimbare de un grad.

**5**

---

# PUTEREA JUDECĂȚII

Noi, oamenii, suntem ființe curajoase, dar banii nu sunt neapărat un subiect distractiv despre care să discutăm. Acum că v-am împărtășit câteva minciuni despre bani, voi vedea dacă vă pot ațâța puțin și, la un moment dat, s-ar putea să râdeți și să aduceți în discuție ceea ce v-a adus cu adevărat aici să citiți această carte. Să fii curios despre bani.

După mai mult de douăzeci de ani de lucru în profesia care implică mentalul, conducând ateliere la nivel local, intern și internațional, ceea ce am învățat este că există trei motive pentru care oamenii vin să depună muncă personală pentru schimbare și transformare:

1. Sănătate – apare o anumită criză.
2. Relație – o despărțire sau o separare sau divorț.
3. Bani – să ai probleme în afaceri sau să nu te descurci.

După puțin timp, am devenit foarte bună la lucrul cu oamenii în zona relațiilor și în domeniul sănătății, inclusiv cu mine. Dar toată chestia asta cu banii încă mă rodea pe mine, pe clienții mei și lumea întreagă. Am decis să mă concentrez pe acest lucru pentru a vedea ce altceva pot aduce în plus la acest subiect despre care oamenii fac ateliere și scriu cărți.

A fost un fel de extensie pentru persoana mea de branding. Dacă nu știți ce este o persoană de branding, vi se spune unde să vă așezați nișa și apoi vă bagă într-o cutie - și ar trebui să rămâneți în asta și să nu ieșiți din ea.

Pentru aceia dintre voi care abia încep să mă cunoască, e ca acea chestie din Dirty Dancing, "Nimeni nu o pune pe Baby la colț". Nu mă pui într-o cutie; Nu există nicio cutie care să mi se potrivească.

Când am început să mă ramific pe acest subiect financiar, făceam ateliere, convorbiri telefonice, emisiunea mea de radio Voice America, dar și ședințe individuale, ședințe de coaching și ședințe VIP cu oameni. Dar tatăl meu a murit acum câțiva ani și m-am lovit de o situație financiară, pe lângă nenumăratele mele alte probleme.

Mi-am dat seama de orbirea mea față de realitatea banilor și am simțit că o iau razna. Iată-mă, încercând să-mi dau seama cum să-i ajut pe alții să-și repare relația cu banii, eu însămi fiind oarbă la propria realitate financiară.

Așa că am început să analizez deciziile pe care le-am luat cu privire la bani, la ce am făcut ca banii să însemne pentru mine – cum i-am făcut atât de importanți, cum au fost zeul meu, cum au fost modul în care am primit dragostea sau modul în care am simțit despre mine dacă aveam bani. Nu mă simțeam bine cu mine dacă nu aveam bani.

Și apoi am început să întreb: "Ce este dincolo de asta?"

Ce este chestia asta cu banii cu care toată lumea are un fel de problemă? Înglobează întreaga gamă.

Am avut mulți bani și nu am avut niciun ban. Și am o comunitate foarte mare de oameni cu mulți bani - și au la fel de multe probleme cu banii ca și oamenii fără bani.

Nu contează dacă nu ai nimic, miliarde, milioane sau cvadrilioane. Există încă probleme cu privire la acest lucru numit bani – așa că nimeni nu scapă de ele.

Apoi, când tatăl meu a murit, am început să mă gândesc: "Ce înseamnă asta? Care este sensul acestui lucru numit bani de care toată lumea alege să nu se bucure?"

Și chiar și atunci când se bucură de ei, le este întotdeauna frică de ei: "Oare când îi voi pierde? Oare când nu o să îi mai am?"

Există tot felul de sindroame – de exemplu, "totul sau nimic", "muncă grea/mentalitate de sclav" sau "muncește din greu, nu poate fi ușor". Sau "Sunt un fel de țăran și voi fi întotdeauna proprietatea a ceva" și "Trebuie să lucrez pentru altcineva pentru că nu pot reuși singur, pentru că, dacă ies singur, cum mă voi descurca singur sau voi lăsa pe altcineva să se descurce pentru mine?"

Toate acestea continuă în această realitate și au continuat și la mine.

Când tatăl meu a murit, am pierdut literalmente orice acces la tot. Mi-a s-a luat tot și nu mi-a mai rămas nimic. Știu că probabil vă întrebați cum de am avut acces la contul tatălui meu. Permiteți-mi să explic acest lucru puțin mai târziu.

Așadar, îmi amintesc că stăteam la o benzinărie, inserând un card în pompă pentru a băga benzină, așa cum făceam în mod normal. Nu a trebuit niciodată să mă gândesc de două ori la asta înainte. Nu înseamnă că nu am avut probleme financiare sau alte probleme sau lipsă de fonduri în timpul petrecut pe această planetă, dar nu a fost nimic în acel moment.

M-am gândit: "Cum voi plăti pentru asta? Și cum voi trăi?"

Nu a trebuit niciodată să gândesc așa pentru că l-am avut întotdeauna pe tatăl meu. El a făcut ca totul să pară foarte ușor și a fost întotdeauna cineva care a spus: "Ce ți-ar plăcea?" Nu știam niciodată când va veni acel moment fără el și aveam noi întotdeauna un fel de glumă: "Bine, voi coborî la subsol, voi scoate tiparnița și vei avea bani în cont". El a fost bancomatul meu, cardul meu de debit, în multe feluri – fără cod PIN, fără parolă, doar cere și ți se va da.

A fost cel mai ușor lucru pe care l-am experimentat vreodată, dar a fost de la altcineva. Înțelegeți asta, nu? Nu avea nimic de-a face cu mine; era ceva ce nu ținea de mine.

Și când a plecat, am stat acolo la benzinărie așa, gândindu-mă: "Nu am idee ce înseamnă să ai bani, ce înseamnă cu adevărat să economisești bani sau să planifici un viitor cu bani la nivelul la care știam că am nevoie cu adevărat, pentru că totul a fost amortizat de altcineva".

Am fost aproape de tatăl meu? Am trăit aproape unul de celălalt? Nu, el era peste tot în țară. De fapt, rareori ne vedeam sau vorbeam la telefon. Asta a fost relația, iar distanța a fost mare, dar a fost în regulă. Așa am procedat noi.

De la o vârstă foarte fragedă, mi-a spus: "Lisa, nu există doar o lume a bărbaților. Există o lume a femeilor. Fii propriul tău șef, fă ceea ce iubești și nu te mulțumi niciodată, fă-ți proprii bani, fii fericită".

Așa că am făcut asta, iar el mi-a ușurat munca, deși asta nu înseamnă că nu am muncit din greu de dimineața până seara. Am iubit și m-am bucurat de ceea ce am făcut, ajutând oamenii.

Apoi, derulând filmul pe rapid înainte, moartea lui mi-a pus în față realitatea că "Ah, pot să însoțesc oamenii doar atât cât drum am parcurs eu însămi". Era un buzunar fals care nu fusese descoperit până atunci. Nici măcar nu știam că este bolnav și a murit când eram în străinătate, fără să-mi iau rămas bun de la el; doar am vorbit la telefonul mobil, ceea ce a fost perfect. Este o poveste frumoasă.

El a vrut să fiu oriunde eram, să fac ceea ce iubesc, să-mi trăiesc viața. Nu aveam nevoie să fiu acolo. Ar putea suna ca o justificare pentru unii, dar pentru mine a fost ceva ce am întruchipat cu adevărat.

Dacă e să știți ceva despre povestea mea, celelalte lucruri care se întâmplau în casă nu erau atât de ușoare, așa că eram un pic îndreptățită să le am. A fost ceva de genul: "La naiba, având în vedere cele două decenii și jumătate de abuz și violență pe care le-am suferit în copilărie, de la nivel sexual la cel financiar, la cel fizic, la cel emoțional, la cel psihic, la cel energetic", având un pic de ușurință – un tată care nu avea nevoie de o parolă sau un cod PIN pentru un bancomat – ei bine...

Am simțit că le merit, având în vedere ceea ce am suferit.

Am fost recunoscătoare pentru acea experiență, pentru că el a fost acolo pentru mine de la început, iar apoi, chiar și după moartea lui, mi-a aruncat asta în față: "Odată ce nu voi mai fi eu, pe cine vei avea?"

Și apoi mi-am dat seama pe cine aveam; Așa s-a schimbat situația mea financiară.

M-am avut pe mine.

Totul mi-a fost luat; Fiecare bănuț și accesul la orice bani pe care i-am avut vreodată în viața mea prin tatăl meu au dispărut complet odată cu moartea lui. Stăteam acolo, fără să am acces la bani, la conturi bancare, carduri de credit, nimic. La acea benzinărie, din acea zi, știam că tatăl meu dispăruse și nu exista nicio persoană pe această planetă pe care să mă pot baza pentru a mă ajuta financiar.

Singura persoană, singurul lucru pe care îl aveam eram eu – și trebuia să fac ceva complet diferit. Aici m-am confruntat direct cu minciunile despre bani – tot ceea ce crezusem, personalitatea pe care am dezvoltat-o în jurul lor, siguranța care se presupune că era acolo prin intermediul lor – totul.

Tata obișnuia să mă strige Li-li. "Sigur, Li-li, voi coborî la subsol și voi merge la tiparniță, îți voi tipări niște bani și vor fi în contul tău".

Nu știam niciodată când vor veni. Putea fi peste două săptămâni, o lună, trei luni sau a doua zi, dar i-am văzut întotdeauna în contul meu. Așa a funcționat cu el.

Eram în stare de șoc, privind în urma mea și gândindu-mă: " Ce înseamnă să te susții singur din punct de vedere financiar? Ce înseamnă să te susții singur și să te ridici în lume și să nu depinzi de nimeni, să nu proiectezi pe nimeni, să nu sustragi de la nimeni, să nu iei de la nimeni, să nu te victimizezi pentru a obține bani, să nu te aperi împotriva autorității, nici măcar să nu te aliniezi cu tragedia sau trauma sau drama propriei tale povești? Pentru că, vă rog să mă credeți, dacă vreți să stați și să vorbiți despre poveste, am eu una".

Îmi amintesc că m-am gândit: "Uau, va fi prima dată când îmi voi întruchipa realitatea financiară".

Nu știam că moartea tatălui meu nu îmi va lăsa de ales decât să stau pe propriile picioare – că voi fi eu cea care mă voi întruchipa și voi ști cum se simte, cum miroase și ce gust are să fiu pe propriile picioare și să las complet în urmă povestea victimei, trauma și povestea dramei, povestea catastrofei.

Nu știam că trecutul meu abuziv în copilărie, cele două decenii și jumătate până la trei decenii de abuz la care am fost supusă și din cauza cărora am suferit, vor fi farul strălucitor prin care propriile mele minciuni despre bani vor ieși la suprafață și mă vor duce dincolo de cușca distrugerii, a morții și a lipsurilor, cheltuind, dar neavând, și să câștig mulți bani pentru că am câștigat întotdeauna mulți bani, dar nu mi-am permis niciodată să-i păstrez.

Toți ceilalți erau mai importanți.

Oamenii care au fost într-o relație cu mine s-au descurcat bine. Credeți-mă, ei încă mă roagă și acum. Am spus "nu" cuiva recent, pentru prima dată după mult timp. I-am spus: " Nu, tocmai ți-am dat niște bani. Dă-mi banii înapoi printr-un plan de plată și apoi mai vorbim". Acesta este newyorkezul din mine. Dar așa simt că sunt pe picioarele mele și să spun ”da” când de fapt este un ”da” și ”nu” când este un ” nu”.

# 6

## ASCENSIUNEA MEA

Moartea tatălui meu mi-a catapultat afacerea, ființa, corpul și munca pe care urma să o fac în lume pentru a mă trezi financiar și habar nu aveam că toate acestea mă vor dezlănțui să-mi trăiesc realitatea financiară pentru prima dată.

Ceea ce s-a dezvoltat este ceea ce eu numesc acum cușca abuzului, a vitalității radicale și puntea pentru ușurința voastră către acea vitalitate.

Cușca abuzului este ceea ce eu numesc cei "4 D": Denying (negare), Defending (apărare), Disassociating (disociere), Disconnecting (deconectare).

În povestea pe care v-am spus-o, puteți vedea întreaga negare în care trăiam din ceea ce tatăl meu mi-a dăruit atât de natural? Apărarea împotriva faptului de a fi pe propriile picioare, disocierea de a-mi permite să am banii pentru mine așa cum i-am meritat și i-am creat.

Pe atunci, eram persoana cu care voiai să ieși. Puneam câteva sute de dolari pe masă, iar când terminam acei bani, îmi puneam cardul de credit pe masă. Prietenii mei și cu mine ne distram perfect în fiecare joi, vineri, sâmbătă și duminică seara. M-am simțit atât de generoasă, la fel ca tatăl meu.

Totul a dus la această întreagă cușcă a abuzului în jurul banilor, unde era atât de limitativ și atât de constrângător încât puteam să muncesc din greu, să câștig mulți bani – dar nu i-am putut păstra niciodată.

Îi aveam pentru puțin timp. Era ca sindromul bulimic. Puteam avea o mulțime de lucruri și apoi eram ceva de genul: ”La-la-la-la-la-la-la”, urmat de ”Bine, acum trebuie să o fac din nou”.

Totul sau nimic.

Câștigam și nu mă bazam în totalitate pe tatăl meu, dar nu aveam nicio rezervă când venea vorba de banii mei. Nu aveam niciun sentiment de a economisi sau de a păstra banii în buzunar.

Trecând la o vitalitate radicală, m-am trezit în acea benzinărie. Neputând plăti pentru nimic, m-am gândit: ”Ah, trebuie să aleg pentru mine. Trebuie să mă dedic mie și realității mele financiare”.

Undeva, la un moment dat, auzisem: ”Cere și ți se va da”. Așadar, așa cum mă gândesc la asta, Universul conspiră să mă binecuvânteze. Face parte din cei ”4 C”: Să mă dedic mie, Să aleg pentru mine, Universul conspiră să mă binecuvânteze și vrea să colaboreze cu mine și apoi să creez.

Asta este ceea ce eu numesc vitalitate radicală şi treci

de la cuşcă la vitalitatea radicală prin intermediul celor "4 E" – pentru uşurinţa înţelegerii – Embrace (îmbrăţişează), Examine (examinează), Embody (întrupează) şi Expand (extinde).

Îmbrăţişează tot ce se întâmplă, examinează cu tenacitatea conştiinţei şi a adevărului. Nu uita, te poţi duce doar atât de departe cât îţi poţi permite să mergi şi să vezi şi poţi duce pe altcineva numai dacă lucrezi cu alţi oameni atât de departe cât ai mers. Ei nu te pot depăşi dacă tu nu ai făcut-o încă.

Sunt recunoscătoare pentru toate minciunile despre bani care au venit prin familia foarte săracă a tatălui meu, Brooklyn, lipsa de educaţie, familia alcoolică şi pentru cei care mi-au fost dăruiţi prin moartea lui.

Nu ştiam până atunci cine era. El spunea: "Nu am avut niciodată nimic, voi aveţi totul, vreau să vă văd folosind banii şi să fiţi fericiţi cât timp sunt în viaţă". Şi exact asta a făcut.

7

CREDINȚĂ ȘI REALITATE

Știai că sistemul tău de credințe îți creează și corpul și forma în care se află corpul tău? Și știai că sistemul tău de convingeri îți creează și realitatea financiară?

Sau te simți vreodată pur și simplu blocat, ca un ecran de computer înghețat? Practic, atunci când ne simțim blocați, punctele noastre de vedere sunt blocate. S-ar putea să fi făcut mișcări laterale și schimbări laterale, dar nu ai depășit niciodată acea constrângere și acea limitare.

Devii mai bun – dar niciodată nu depășești această limitare.

Și asta se numește supraviețuire și reușită, dar niciodată nu trăiești radical în viață. Deci, cum ieșim din asta?

Încă o dată, o schimbare de un grad este tot ceea ce căutăm.

Și când te gândești chiar acum și percepi toate judecățile, deciziile, concluziile, calculele, configurațiile, separările, războaiele, traumele, dramele, catastrofele din întreaga lume în ceea ce privește banii, o schimbare de un grad pe această planetă este uriașă. Are capacitatea de a roti lumea pe orbita sa.

Așadar, câți dintre voi credeți că trebuie să munciți din greu pentru bani pentru a-i câștiga? Câți dintre voi credeți că nu există nicio minciună acolo, că este un adevăr absolut?

Acum, gândiți-vă la asta: Cât de multe dintre corpurile voastre cred cu adevărat că nu există falsitate, că este o realitate incontestabilă? În timp ce mintea ta ar putea recunoaște că a câștiga bani nu necesită întotdeauna o muncă intensă, corpul tău ar putea să nu fie pe aceeași lungime de undă.

Crezi că noțiunea de a munci din greu pentru banii tăi este doar o construcție mentală, fără legătură cu corpul tău? Când mintea și corpul tău au credințe contradictorii, se creează o realitate conflictuală.

Permite-mi să îți adresez câteva întrebări. În timp ce pun întrebări, fii atent la ceea ce se întâmplă în corpul tău. Dacă te simți ușor, expansiv și cu o energie grozavă, acesta este un indiciu al adevărului.

În schimb, dacă simți intensitate, constrângere sau gândurile îți în zboară spre planurile post-ședință și dorința de a pleca rapid, atunci este posibil să descoperi ceea ce percepi ca adevăr, dar este, de fapt, o minciună. Constrângerea intensă semnifică o minciună, în timp ce expansiunea, o energie efervescentă și o ambianță grozavă indică adevărul.

Deci, sincer, recunoști că ai o realitate conflictuală despre bani? Această realitate conflictuală este minciuna la care aderi, iar respectarea unei minciuni îi perpetuează existența.

Câți dintre voi ați experimentat conflicte legate de bani în relațiile cu partenerii? Exact asta vreau să spun printr-o realitate conflictuală. Aderarea corpului tău la minciuni îți modelează realitățile conflictuale, stabilind o realitate vibrațională care te limitează, creând o cușcă autoimpusă în jurul banilor. Această construcție, adesea confundată cu creația, înseamnă distrugere și nu are nimic de-a face cu alegerea făcută pentru tine, cu angajamentul față de tine însuți sau cu colaborarea cu Universul pentru a conspira în favoarea ta.

Acum, ia în considerare acest lucru: Credința că banii tăi curg depinde de bunătatea sau răutatea ta sau de nivelul tău de efort, ușor sau greu, din interiorul tău? Observați discordia internă, șovăiala, negarea, mecanismele de apărare, disocierea și deconectarea. Realizați că nu există loc pentru alegere în acest cadru, creând iluzia unui Univers fără a avea posibilitatea de a alege.

Cu toate acestea, permite-mi să te asigur că nu este niciodată atât de limitat pe cât pare. Convingerile și perspectivele tale unice asupra demnității, bunătății, răutății, muncii grele sau lipsei acesteia nu sunt intrinseci pentru tine. Ai acumulat aceste construcții în această realitate, te-ai transformat și ai declarat: ”Acesta sunt eu.

Bine ai venit în realitatea ta financiară. Am făcut-o și eu.

*O realitate abuzivă din punct de vedere financiar*

Cu toată sinceritatea, chiar și în mijlocul abuzurilor – violurile pe care le-am îndurat și cele pe care le-am experimentat – nimic nu este mai înspăimântător decât să vezi zero în contul tău bancar. Nu ai la cine să apelezi; Când pantoful va cădea în cele din urmă, cine va fi acolo pentru tine? Este un loc inerent înfricoșător.

Cred că aceasta este adevărata epidemie a realității noastre. Judecățile, perspectivele și realitățile financiare, psihologice și psihice pe care le adoptăm ne îmbolnăvesc, ne fac nefericiți și ne conduc în alegerea relațiilor – inclusiv asta am trăit și eu. Este ca și cum am continua să așezăm lucruri, să depozităm la nesfârșit și să nu facem niciodată progrese, deoarece suntem în mod constant obligați să compostăm acel bilet.

Așadar, cine este adevăratul criminal, realitatea sau noi?

Totul este o ofensă într-un anumit fel, dacă nu facem acea schimbare de un grad din aceste minciuni. Deci, despre ce minciuni vorbesc?

Prima este că banii sunt dovada că ai dreptate sau nu. Câți dintre voi credeți că ați fi fericiți dacă ați avea bani? Cu siguranță ai putea crede, bineînțeles, că ai fi mai fericit dacă ai avea bani, deoarece banii îți oferă mai multe opțiuni, nu-i așa?

Dar adevărul este invers. Una dintre minciunile despre bani pe care sper să vi le transmit este că ceea ce credeți nu este ceea ce proiectați acolo. Că ceea ce simțiți și ați întrupat ca un container de depozitare a porcăriilor – pe care voi le numiți creație – este ceea ce vă creează banii și situația financiară, în opoziție cu ceea ce știți.

Știu că sunteți cu toții geniali. Știu că ați depus multă muncă personală. Știu că ați citit lucruri. Și știu că sunteți deștepți – trăiți aici. Am înțeles. Am trăit și eu aici.

Și cu toții ne-am agățat de minciuni precum următoarele:

*Trebuie să demonstrez că valorez ceva și pot face asta cu bani.*

*Sunt demn de iubire doar atunci când am bani.*

*Sunt demn de iubire doar dacă dăruiesc altcuiva. Nimeni nu mă va iubi vreodată pentru mine.*

*Nu îmi voi putea permite niciodată sau nu voi putea fi independent financiar. Voi avea întotdeauna nevoie de altcineva.*

*O familie cu două venituri este mai bună decât o familie cu un singur venit.*

Toate acestea sunt minciuni pe care corpul vostru le întruchipează și le reflectă în realitatea voastră. În timp ce mintea ta se uită la tot ce spun aici și spune ”nu”, corpul tău spune ”da”. Mintea ta spune ”Nu”, iar corpul tău spune ” Da”. Mintea ta spune: ”Obișnuiam să, corpul tău spune că încă o mai face”.

O modalitate de a-ți da seama dacă ai această realitate conflictuală este să pui câteva întrebări. Imaginează-ți că banii tăi ar decide să vorbească cu tine. Ce ți-ar spune? Gândește-te doar la asta. Când am întrebat acest lucru în cadrul atelierului meu, oamenii au răspuns cu:

*”Nu crezi că sunt suficient”.*

*”La naiba!”*

*”Nu trebuie să-ți faci griji pentru mine”.*

*"Nu m-ai lăsat niciodată să intru".*

*"Trebuie să mă hrănești".*

Dar care sunt aceste răspunsuri? Nu trebuia să avem o relație sănătoasă cu banii?

Dar dacă primești răspunsuri similare de la banii tăi, atunci știi că ai greșit. Ai fost un partener rău.

Deci, cât de mult greșești? Greșești puțin, greșești mult sau greșești incredibil de mult?

Câți dintre voi credeți într-o anumită măsură în gradul greșelii voastre? În plus, câte dintre corpurile voastre întruchipează acel sentiment de nedreptate, pur și simplu pentru că mintea voastră l-a convins acest lucru? Amintiți-vă, corpul vostru este incredibil de inteligent, servind drept organ senzorial pentru perceperea, cunoașterea, existența și primirea, capacități pe care mulți dintre noi rareori le întruchipează cu adevărat.

Luați în considerare această perspectivă ca pe un "Dincolo de" – o realizare pe care ea a articulat-o: "Nici măcar nu ar trebui să fiu aici, atât de mult mă înșel". Dar dincolo de această suprafață, încă mai căutăm, neajungând încă la miezul problemei. Persistă în realitatea somnambulă a anesteziei, amorțelii, disocierii și a unei cuști - îngropată adânc. Cu toate acestea, dacă putem ajunge la acel punct, îl putem extrage.

Cu toate acestea, este nevoie de o alegere de a trăi, o alegere de a-ți îmbrățișa propria realitate financiară, indiferent de povestea ta. Indiferent de strămoșii tăi, de sănătatea ta, de tragediile tale, de traumele tale sau de experiențele trecute, nimic nu îți poate îndepărta ființa intrinsecă. Nicio minciună nu poate.

Când credem aceste minciuni despre noi înșine și ne modelăm viața în consecință, cufundați într-un sentiment de nedreptate, le proiectăm în mod inevitabil asupra altora. Este ca și cum ai vedea lumea prin ochelarii colorați ai judecății, un concept pe care l-am explorat într-o emisiune Voice America intitulată "Privind prin ochelarii colorați ai abuzului".

Unde te judeci în legătură cu banii, perpetuând o realitate financiară care nu are nimic de-a face cu esența ființei tale? Fie că este legat de strămoșii tăi, de părinți, de istoria personală sau de nenorocirile din copilărie, avem tendința să ne agățăm de aceste povești și să ne modelăm după imaginea lor.

Vă provoc să vă eliberați de acel ciclu și să deveniți persoana care poate acumula bogăție. Voi, indivizii prezenți aici, aveți puterea de a schimba această realitate dacă vă permiteți să o posedați – și mă includ și pe mine în această afirmație. Nu mi-am permis niciodată să am ceea ce trăiesc acum.

Cu toate acestea, a avea a devenit cea mai profundă întruchipare a vindecării pentru mine. Este dificil să articulezi, dar să fiu eu, să fii tu, să te dedici ție, să colaborezi cu tine însuți, să te alegi pe tine însuți și să creezi din acel spațiu – acesta este adevărul.

8

———

# BANII CREEAZĂ, JUDECATA DISTRUGE

Când tatăl meu a intrat în afaceri imobiliare și executări silite în New York, treaba mea era să stau în subsol cu el, unde își avea biroul. Avea 16 apartamente pe care le cumpărase, unități multifamiliale, provenite din *flipping houses (Nota traducătorului: Strategia de "flipping houses" presupune achiziționarea de proprietăți și îmbunătățirea lor pentru a fi vândute ulterior la un preț mai mare decât cel de cumpărare, obținându-se astfel un profit).*

Noi colectam chiria și aveam teancuri de bani. Am folosit calculatoarele vechi și pad-urile verzi înainte de a avea un computer. Stăteam acolo și băgam banii în gură. Îl miroseam, și deși erau cam murdari, îmi plăceau.

Apoi m-am angajat la bancă și în fiecare vineri veneau toți avocații și stivuiau, stivuiau și stivuiau bancnote proaspete și crocante de 100 de dolari, motiv pentru care de atunci îmi plac bancnotele de 100 de dolari. Eram ceva de genul: "Da, veniți la bancomatul meu. Vreau să vă număr bancnotele de 100 de dolari".

53

Am avut această pasiune și poveste de dragoste cu o realitate financiară care m-a făcut fericită. Mi-a plăcut să număr și mi-a plăcut să organizez banii. De fapt, mă uitam în portofelele tuturor prietenilor mei și mă asiguram că își organizează banii: bancnote de 1 dolar, de 5, de 10, de 20, de 50, de 100.

Cunosc oameni care îi țineau pur și simplu împăturiți și mototoliți. Nu puteam suporta. Le spuneam: "Ce faci cu banii tăi? Tratează-i mai bine, iubește-i și vor veni la tine".

Cred sufăr puțin de TOC, dar a însemnat ceva pentru mine. Pentru mine, era doar acest dans al moleculei fericite cu banii. Îmi plăcea să stau în seiful de la bancă și îmi plăcea când veneau cei de la Brinks. (*Nota traducătorului: Brinks = Companie ce este lider global în gestionarea numerarului si valorilor*). Ori de câte ori mergeau cu mașina, îmi spuneam: "Da! La ce bancă se duc?" Eram doar obsedată. Nu știu ce ați făcut voi când erați copii, dar eu am urmărit banii.

Banii vin la petrecerea fericirii.

Nu vin la petrecerea depresiei, constrângerii și plăcerii.

Și credeți-mă, când m-am îmbolnăvit de o boală care îmi punea viața în pericol cu ani în urmă și endocrinologul mi-a spus: "Rezolvă treaba asta, ia medicamente pentru tot restul vieții tale sau lasă-mă să-ți scot organul", iar eu am spus: "Trebuie să existe o altă alegere"

"Nu există".

Vă amintiți că v-am spus despre chestia cu cutia – că eu nu pot fi pusă într-o cutie? Nu-mi spune că nu există altă alegere, pentru că o voi găsi.

Apoi am ajuns la un institut numit Theta Healing® Institute și am petrecut 3 luni acolo. În 3 luni, am obținut diploma de master în Theta Healing® și, în 3 săptămâni, nu am mai avut boala.

Doctorul mi-a spus că nu poate face altceva decât să îmi prescrie medicamente, să facă intervenții chirurgicale pentru a îndepărta un organ sau ce mi-a mai spus – și eu am vindecat totul energetic.

Am folosit fiecare bănuț pe care îl aveam în acel moment pentru a obține vindecare holistică pentru mine. Am renunțat la casă, la pensie, am renunțat la orice pentru această alegere. Știam că voi reuși din nou. M-a costat aproximativ 1 milion de dolari să mă vindec naturopat. Niciun gram de ceva farmaceutic și nicio asigurare. Ei bine, aveam asigurare, plăteam pentru ea de zeci de ani, dar când a venit timpul, nimic nu a ajutat datorită alegerii mele de a merge pe abordarea holistică.

Din fericire, aveam o poliță de asigurare pentru invaliditate pe care mătușa mea o înființase și așa am mers la Theta Healing® Institute și mi-am luat masteratul în Theta Healing®. Unii oameni ar spune: ”Ah, Doamne, ar trebui să păstrezi acei bani pentru că ai atât de multe datorii”. M-am gândit: ”Asta mă va vindeca și asta va fi totul. Voi folosi acei bani în acest scop”.

Folosește-ți banii pentru a crea, nu pentru a distruge. Judecata distruge.

Am crezut că după Theta Healing® Institute voi termina, dar când am aterizat în Bali acum câțiva ani, nu știam că un alt nivel de ”cred că am terminat cu viața” va veni pentru mine. Mergeam în Bali pentru vindecare aprofundată.

Am întors spatele multor lucruri și am simțit, de asemenea, că lucrurile mi-au întors spatele foarte clar. Când am aterizat acolo, eram din nou în genul acela de loc descurajant, cu o mulțime de lucruri de rezolvat și nu doar legate de bani. "Ce rost are, care este scopul acestei situații?"

Iată-mă, întinsă pe una dintre mesele din coliba vindecătorului, ca în cartea *Mănâncă, Roagă-te, Iubește*. Mi-a fost trimisă o persoană specială care a venit să lucreze asupra corpului meu, iar acea persoană a scos la suprafață literalmente aceste minciuni pe care le întruchipam din corpul meu. Am făcut o emisiune radio la Voice America numită *The Shards of Abuse (Cioburile abuzului)*. Persoana aceasta mi l-a scos din corp și mintea mi-a spus: "Despre ce vorbești? Nu pot vedea energie, nu pot vedea așa ceva, despre ce vorbești?"

Apoi el mi l-a dat. Era un ciob.

Ședința a durat aproximativ 8 ore. A fost tot ce am purtat prin lume și așa am aflat despre toate aceste minciuni despre bani. M-am apropiat și personal în acea ședință de 8 ore de acest vindecător care a scos pur și simplu lucruri din corpul meu.

Și apoi, în cele din urmă, odată ce am început să simt, simțul meu psihic s-a deschis și mai mult și am putut vedea energiile, am putut vedea sistemele de credință. Am văzut cuvintele și oamenii. Am văzut pozele și copilăria mea. Am văzut multe lucruri. "Nu e de mirare de ce vreau să mor, înțeleg. Ce modalitate mai bună ar fi decât a merge în Bali? Este simplu".

Ei bine, s-a întâmplat altceva sau eu am ales altceva.

În acel moment mi-am spus: "Am mai mult de trăit, pentru că ceea ce iese din corpul meu sunt minciuni. Și în niciun caz nu o să mor din cauza minciunilor și nu o să ajung în iad. Vreau să trăiesc și o să trăiesc pe picior mare și o să răcnesc!" (ROAR)

Și asta am decis să fac și am schimbat numele afacerii mele în "Live Your ROAR® – "Live Your Radically, Orgasmically Alive Reality" în loc de "The Beyond Abuse Revolution" și " The Beyond Abuse Movement".

M-am gândit: "Am supraviețuit tuturor acestor lucruri. Și dacă aș putea supraviețui cioburilor care ies din corpul meu și unui bunic bătrân care ia un cuțit și mi-l înfige în piept spunând: "Îmi pare rău, îmi pare rău, te va durea puțin, îmi pare rău, îmi pare rău, doar te va durea puțin, îmi pare rău, îmi pare rău, doar te va durea puțin" – M-a durut, dar acele minciuni au durut mai mult.

Acea intensitate pe care o simți în corpul tău, iată ce este minciună, și asta nu ești tu.

Câte minciuni proiectezi asupra fluxurilor tale de bani?

Pentru că asta am învățat eu în Bali.

Am avut o problemă de primire. Un refuz de primire.

L-am boicotat.

Acum râzi, dar eu știu că și tu ai făcut la fel.

Am ajuns literalmente în acest punct în care am suferit suficient și am murit suficient, și apoi am ales să am totul, orice s-ar întâmpla. Indiferent ce aveam de pierdut, indiferent pe cine trebuia să pierd, indiferent unde trebuia să merg, indiferent ce trebuia să fac, cărțile urmau să fie publicate, emisiunea radio urma să devină virală.

Am 205 000 de ascultători acum de la 30 000. Prima carte va fi publicată, iar apoi vom lucra la celelalte. Și, și, și, și, și, și, și complet – chiar dacă, începând de ieri, mi-am concediat întreaga echipă cu care am lucrat – 12 persoane – dându-le preaviz de 30 de zile și luând-o de la capăt.

Când spun că mă descurc, mă descurc.

Gândește măreț sau du-te acasă, asta s-a întâmplat în Bali.

Am trăit o parte din asta înainte, dar când ochii tăi sunt deschiși și vezi toate minciunile și faci această alegere, providența se mișcă și ea. Ce am făcut? M-am ales pe mine, m-am angajat față de mine, am colaborat cu Universul conspirând să mă binecuvânteze și am creat.

Nicio persoană nu este responsabilă pentru nimic. Nicio suferință sau cu oricine aș fi fost nu au avut nimic de-a face cu altceva decât cu ceea ce eu am ales. Nicio problemă, niciun viol, niciun abuz, nicio dificultate a clientului, nicio situație legală, nicio situație familială, pentru că nu a contat.

Nu mi-a păsat pe cine am pierdut sau ce am pierdut. Nu aveam de gând să mă mai pierd. Aveam de gând să mă aleg pe mine. Și nimic nu avea să mai fie așa vreodată. Nimic nu avea să aibă o proiecție, o separare, o așteptare, un resenti-ment, o respingere, un regret. Corpul meu nu avea să mai sufere, mintea mea nu avea să mai meargă pe același drum pe care a mers până atunci.

Tot ceea ce am ales să mănânc după acel moment a fost diferit. Tot ceea ce am ales să beau a fost diferit. Tot ceea ce am pus în corpul meu a fost diferit. Toți cei cu care mi-am împărțit corpul au fost diferiți. Serios, totul a fost diferit.

Există un anumit aliment care a fost întotdeauna planul meu de rezervă și mi-a plăcut la nebunie: pizza. În California, puteți găsi pizza fără gluten, dar este greu să o găsiți în Texas. Măcar puteți găsi pizza fără gluten aici, la Good Earth. Au cea mai bună pizza cu ciuperci fără gluten, dar, când am văzut-o acolo astăzi, corpul meu a fost ceva de genul: "Verdețuri".

Este mai mult o vibrație, iar atunci când nu mai percepi și nu mai respecți minciunile, vibrația se schimbă în mod evident. Și apoi ceea ce atragi, creezi, institui și generezi se schimbă și se actualizează cu acea vibrație.

**9**

---

# PREIA CONTROLUL

Câți dintre voi evitați fluxurile de bani pe care le-ați putea avea refuzând să fiți o ofensă care poate fi judecată în această realitate? Imaginează-ți câți bani ar putea veni în calea ta dacă ai fi deschis să fii judecat de oricine și de orice, fără a lăsa asta să te afecteze. Ideea este că atunci când încerci în mod activ să te protejezi de judecată, ai putea deveni, în mod neintenționat, o țintă pentru critici, împiedicând fluxul de bani în viața ta.

Atâta timp cât rămâi bolnav și deprimat, ești o țintă pentru judecată. Atâta timp cât rămâi victimizat, fără să-ți alegi realitatea, rămâi o țintă pentru judecată. Dacă arăți cu degetul de cealaltă parte a ei, ești o țintă pentru judecată.

Când începi să arăți cu degetul, mai bine ai crede că vor veni milioane care vor vrea să te omoare.

Am avut recent o experiență la un curs în care pliantele mele erau pe o masă, iar când m-am întors la următoarea pauză, toate pliantele mele și tot ce ținea de atelierele mele dispăruseră, dispăruseră complet, intenționat.

În acel moment, am crezut minciuna că era ceva în neregulă cu mine, că am făcut ceva care a determinat pe cineva să vrea să facă asta – că *eu* făceam asta. Și apoi, când am ieșit din asta, m-am gândit, "Uau, sunt o ofensă care poate fi judecată pentru acea persoană, pentru realitatea acelor oameni".

Mi-am dat seama că cea mai mare minciună în care am trăit este că am creat unele dintre aceste lucruri.

Uneori, trebuie să realizez că ceea ce creez creează de fapt mai mult pentru alți oameni și nu este o greșeală din partea mea. Este o capacitate în care am învățat să pășesc. Nu aș fi ghicit pentru că nu apare niciodată așa cum crezi că va fi.

Iată o întrebare pe care v-o las aici:

Ori de câte ori intri într-o constrângere de bani, în cușcă, întreabă-te: "Ce creează asta sau ce va crea asta?"

Permite-ți să percepi asta.

Dacă este greu, schimbă imediat. Dacă este ușor, profită și realizează că, orice ai alege, există întotdeauna o altă alegere 10 secunde mai târziu.

Nimic nu te împiedică să ai banii pe care îi vrei și de care ai nevoie pentru a trăi viața visurilor tale.

Uneori, oamenii spirituali aleg să nu aibă bani. Dar niciun Dumnezeu pe care îl cunosc nu ar vrea vreodată să nu avem totul, pentru că noi suntem oamenii, voi sunteți oamenii, iar oamenii vă așteaptă acolo și ar putea schimba cu adevărat această realitate prin a avea bani.

Ai putea să cheltuiești banii în moduri care ar putea schimba în mod conștient această realitate. Oamenii au nevoie să-ți audă vocea indiferent de cursul vieții, indiferent de ceea ce faci, iar această realitate funcționează pe bani. Pur și simplu asta face.

Trebuie să alegi ce punct de vedere și ce realitate vrei să creezi cu modul în care funcționează această realitate – și să nu te elimini, să nu mori, să nu te îndepărtezi, să nu te alături sau să rămâi în suferință. Radical, orgasmic, realitatea vie devine aliatul tău radical, aliatul tău orgasmic.

Creează o realitate vie cu banii – te provoc de două ori.

*Fii tu, dincolo de orice, și creează magie.*

# 10

# ENERGIA BANILOR

Unul dintre modurile mele preferate de a discuta despre înșelăciune este prin injectarea multor râsete în conversație. Călătoresc în întreaga lume, ajutând indivizii să treacă prin traume și să creeze după ce au suferit un abuz. A face acest lucru necesită o anumită ușurință și un sentiment de distracție, deoarece, fără ea, procesul s-ar putea simți ca o pastilă amară de înghițit.

Pentru a începe acest capitol, aș dori să vă întreb dacă ați fi deschiși să vă permiteți să aveți doar 1% mai mulți bani sau numerar decât ați avut vreodată. Acum, gândiți-vă: Ce vă costă să nu faceți această alegere? (Pungile de vomă sunt disponibile în spate.)

Personal, m-am confruntat recent cu o decizie esențială cu privire la afacerea mea și perspectiva de a angaja o nouă firmă de marketing. Totul s-a rezumat la a alege ce să nu fac versus ce vreau cu adevărat să fac. Optând pentru aceasta din urmă, a însemnat renunțarea la un număr semnificativ de oameni din afacerea mea, dar am fost sfâșiată, pentru că îmi plăceau oamenii și investisem mult efort în munca lor.

Ia-ți un moment pentru a reflecta în oglindă: Unde te-ai aflat într-o situație similară?

De multe ori totul se reduce la o lipsă de bani sau numerar. Apoi justificările se adună: "Nu sunt suficient de bun. Nu merit. S-ar putea să rănesc pe cineva". Noi construim aceste narațiuni, aceste minciuni.

Dar ce ar fi dacă am opta pentru alegerea care duce la tot ceea ce ne dorim, cea care se simte mai ușoară și mai adevărată, spre deosebire de minciună, care este mai grea și mai intensă?

De ce, în această realitate, gravităm spre minciună, intensitate și greutate? Noi creăm aceste minciuni și le aducem la viață, doar pentru a ne întreba de ce uneori simțim nevoia să ne izolăm sau să nutrim resentimente față de ceilalți.

Vorbind din experiența personală, mi-am scris disertația despre un concept numit "Amprentarea sufletului". Amprenta sufletului nostru este asemănătoare amprentei noastre digitale – un semn unic pe care fiecare dintre noi îl posedă. Cu toții purtăm o esență distinctă pe care suntem aici să o imprimăm în țesătura realității.

Ceea ce faci este să aduci contribuția ta unică. Indiferent dacă ești avocat, asistent medical, facilitator, acupuncturist, artist audiovizual, terapeut maseur, părinte, investitor, profesor sau ofițer de poliție - aceasta este amprenta ta. Fiecare dintre voi posedă ceva unic ce vine fără efort la voi, ceva ce iubiți. Cu toate acestea, din diferite motive, s-ar putea să lăsați această cale deoparte și să urmați o cale diferită.

Îmbrățișându-vă amprenta sufletului, permițându-vă să o întrupați pe deplin, se deschide ușa ușurinței, banilor, bucuriei, împlinirii, sănătății, bogăției și a unei vieți pline de distracție și posibilități. Pășind în sinele tău autentic poți debloca probabilitatea unei existențe mai împlinite și mai prospere.

Să intrăm în subiectul primirii, în special legat de energia care înseamnă bani. Experiența mea include o copilărie petrecută într-o familie violentă și abuzivă, unde am fost împinsă în modellingul pornografiei infantile la o vârstă fragedă. Această experiență mi-a oferit o perspectivă asupra abuzului monetar și a frustrării de a munci din greu fără a culege recompensele financiare. Înțeleg cum este să nutresc resentimente față de bani, să nu am încredere în cei din jurul meu, inclusiv în membrii familiei, instituții și organizații. Stând în picioare, îmbrăcându-mă, făcând fotografii, zâmbind – dar fără a primi compensația datorată, ci ceva complet diferit, întunecat și ascuns în spatele scenei.

Acum, luați în considerare această întrebare: Cine sunteți în raport cu banii, cu numerarul?

Ceea ce am descoperit despre minciunile pe care ni le spunem despre bani este că se concentrează în jurul a două minciuni principale: *cine suntem cu banii și ce suntem cu banii.* Energia pe care o emitem joacă un rol semnificativ, iar în cadrul acestei energii creăm o anumită realitate. Este vorba despre recunoașterea lui ”cine” și ”ce”.

Gândiți-vă la următorul lucru: Dacă sunteți un "cine" și un " ce", ce nu sunteți? Voi înșivă. Cu toate acestea, s-ar putea să etichetați în mod eronat această stare ca fiind adevărată.

Energia prezentă în acest moment este o reprezentare a minciunilor pe care le întruchipăm. Abordez aici minciunile atât recunoscute cât și ascunse, văzute și nevăzute. Unii dintre voi s-ar putea să nu fiți pe deplin conștienți de "ce" și "cine", dar dacă descoperiți pe cine v-ați bazat pentru a vă crea fluxurile de bani ar putea provoca inițial frustrare, doar pentru a fi urmată de o recunoștință profundă.

11
───────

# "CINE", "CE" ȘI JUDECĂȚI

Acum, să explorăm a treia minciună: judecățile pe care refuzi să le primești îți împiedică prosperitatea financiară. Ar putea fi tentant să respingem acest lucru ca fiind copleșitor, cercetând amănunțit "cine"-le, "ce"-ul și judecățile. Cu toate acestea, dacă ar fi să înglobez minciuna banilor, aceasta este compusă dintr-un "cine", un "ce" și o judecată.

Valoarea ta de sine nu este legată de valoarea ta netă.

Am descoperit în mod repetat în cadrul atelierelor mele că stă într-adevăr în noi să recunoaștem minciunile pe care alegem să le credem și să le actualizăm. Și este nevoie de deghizarea acestor minciuni, dacă vreți, pentru a ascunde toate acestea, astfel încât să puteți vedea ce este adevărat.

Există atât de multe minciuni pe care oamenii nu sunt dispuși să le piardă, astfel încât să poată alege. Știți cu toții asta, dar vă voi spune oricum.

Ironia este că, în calitate de ființe infinite, banii ne oferă libertate, alegere și posibilitate. Așadar, de ce, în ciuda acestei conștientizări, ne supunem în mod constant stresului, conflictului și insuficienței, forțând alegeri între necesități, cum ar fi vacanțele și pensionarea? În mod logic, nu are sens.

Acum, să explorăm aceste minciuni: Cine ești cu banii? Ce ești cu banii? Vom aborda judecățile separat. Înțelegând că realitatea ta financiară este modelată de ”cine”, ”ce” și judecățile pe care refuzi să le recunoști. Ești gata să schimbi asta chiar și cu doar un grad mai mult?

Doar un grad.

Să mergem la ”cine”. Hai să scăpăm de minciunile care te înconjoară.

Nu știai că mergi la o clinică de eliberare a greutății, nu-i așa? În loc să-mi intre în stomac, o să-mi fie scoasă din stomac.

Voi veni cu câteva glume mai bune. În primul rând, va trebui să îmi fac vânt cu bancnotele mele de 100 de dolari. Să râdem de fuga disociativă a fluxurilor noastre de bani pe care le-am creat.

De exemplu, îmi amintesc de tatăl meu. Obișnuia să ia un teanc de bancnote de 100 de dolari, cam douăzeci, și le punea pe tejgheaua de lângă ușa laterală din casa copilăriei mele pentru mama mea. Făcea asta în fiecare săptămână, într-o zi de luni, înainte de a ieși pe ușă.

Când eram copil, îmi spuneam: ”La naiba, da”.

Apoi, mama mea... tobele, vă rog... care era atât de supărată pe el, atât de supărată. Părea drăguț – 2.000 de dolari. Îi lăsa doar ca să iasă dracului de acolo cât de repede putea, o alimenta cu bani. Lua acei bani și ne punea să ne luăm lucruri. Le-am cerut vreodată? Le-am vrut?

Nu le-am vrut, pentru că unul dintre acele lucruri erau 8 sau 10 dintre acele păpuși stupide și înfricoșătoare Cabbage Patch. Aveau acte de adopție sau ceva de genul ăsta. A fost marea nebunie de la începutul anilor 1980. Apoi, le așeza pe raftul de sus din camera mea, iar eu intram în dormitorul meu: "Oh, Doamne! Ce este asta?" Pentru că noi aveam nevoie.

Apoi, adidași și haine pentru mine, frații mei – chiar totul – și apoi dispăreau. Am fost implicați în toate aceste activități diferite. Din nou, nu am întrebat niciodată, forțată să fiu acolo.

Am urât majoretele. Încă îmi amintesc ovația. "S-U-C-C-E-S. Acesta este modul în care ortografiem cuvântul succes", indiferent de ce echipă era. Am urât fiecare minut din perioada aceea, la fel cum am urât să stau în picioare și să defilez ca model.

Pentru mine, banii aveau multe semnificații diferite. Au însemnat abuz. Au însemnat resentimente. Au însemnat ieșire. Au însemnat evadare. Au însemnat "FU". Au însemnat: "O să te prind". Cu cât mama cheltuia mai mult banii, cu atât tata trebuia să-i dea și mai mulți bani și cu atât mai mult trebuia să plece și să muncească pentru bani. Și cu cât pleca mai mult și pleca să lucreze pentru bani – ei bine, după cum se dovedește, și-a creat o altă familie pe care a întreținut-o, lucru pe care nu l-am aflat decât mulți ani mai târziu. Asta făcea el.

Poate că și eu aș fi făcut-o, având în vedere ce se întâmpla acolo.

Mama a devenit din ce în ce mai plină de resentimente, din

ce în ce mai furioasă, din ce în ce mai cheltuitoare și toate acele resentimente au crescut între ei doi.

Apoi își spuneau "Te iubesc" unul altuia.

Iată-mă pe mine, un copil mic, privindu-i. Apropo, este vorba tot despre "cine" – prima minciună despre bani. Sunt multe acolo.

Așa că ei vin și spun: "Oh, te iubesc". "Și eu te iubesc".

Și mă uitam la ei ca și cum "Se întâmplă ceva acolo care este o minciună, pentru că dedesubt se găsesc pântecele morții și distrugerii și cuțite de spart gheața și pistoale și macete și seceri și, și, și era acolo al treilea război mondial".

A trebuit să aleg ce urma să fiu.

Cum alegi, copil fiind, între mama și tatăl tău?

I-am ales pe cel mai rău dintre ei și pe cel mai bun dintre ei, așa cum se întâmplă la vârsta de 3, 4, 5, 10, 15 sau 20 de ani.

Cel mai mult o uram pe ea și totul legat de bani, felul în care era. Am învinuit-o ani de zile. Pe el îl iubeam pentru că stăteam la subsol cu el, lucram și mă ocupam de chiria blocurilor lui. El era distractiv; Ea era răutăcioasă. Sau cel puțin așa credea copilul din mine.

El era contabil cu un Master în Afaceri și Imobiliare și, la începutul anilor 1980, toată treaba importantă se focaliza pe clădirile de apartamente și executările silite din New York, New Jersey și peste tot în Hudson. Primea 20 de blocuri de apartamente pe nimic pentru că erau în executare silită. A făcut miliarde de dolari fără să scoată miliarde de dolari.

Treaba mea, când eram copil, era să stau acolo în subsol cu

el. El avea biroul lui. Eu aveam biroul meu. M-am simțit ca un profesionistă. Și eram departe de ea. Serios.

Mi-am spus: "Da, tată!"

Învățam și multe alte lucruri. Numâram banii. Vă amintiți acele registre verzi și creioane? Vă amintiți creioanele cu radiere? Acele mașini vechi de calcul și câte și mai câte?

Literalmente erau bani în numerar. A fost o afacere doar cu numerar. Treaba mea era să colectez toată chiria, să număr banii și să-i pun în ordine. De aceea îmi aranjez banii și în ziua de azi. Îi atribui lui acest lucru. Vă puteți imagina dragostea din acest aranjament. Sutele mele stau cu sutele. Totul este în ordine. Nu am probleme de control. Nu am TOC. Îmi plac banii aranjați. Asta fâceam când eram copil.

Teancuri și teancuri de bani... I-am lins. I-am iubit.

Mi-a plăcut cum miroseau. Mi-a plăcut ce gust aveau.

Am lucrat chiar și într-o bancă în vacanțele de vară din perioada anilor de facultate pentru că iubesc banii. Îmi plăcea când treceau camioanele Brinks. Mergeam acolo și mă jucam cu toate bijuteriile și cu toți banii. Am învățat asta de la el.

Dar a apărut această polarizare despre bani din cauza a ceea ce credeam despre mama mea, despre care aș putea vorbi până la anul dacă aș începe. Ea a fost cea mai bună resursă a mea pentru cele mai bune chestii de stand-up comedy în facilitarea mea. Am învățat atât de multe de la ea.

A trebuit să mă aliniez și să fiu de acord cu el în timp ce mă împotriveam și reacționam la ea, iar asta a creat toate aceste minciuni diferite în jurul banilor. Trebuia să actualizez ceea ce îmi spunea el într-un fel, dar și ceea ce era ea pentru mine în alt fel.

Și când actualizezi o realitate disparată, nu obții nimic altceva decât catastrofă și criză.

Acum, să vorbim despre ”ce”. Ce ești când ești comunitatea – mama ta, tatăl tău, ascunderea, neîmpărtășirea – toate lucrurile pe care le-am discutat.

Ce ești? Adevăr.

Ce faci cu banii când trăiești ”cine”-le? Locuiești în ”Cineville-le”, care este, de fapt, ”Cacaville”.

Ce ești? Ești gândurile și sentimentele tuturor celorlalți. Și când acest lucru se actualizează, ce este asta?

Este o minciună. Nu este adevărat.

Nu ești tu.

Dar, literalmente, ce ești când ești o minciună? Cum apare pentru tine? Ce ești?

Obosit. Constrâns. Acesta este ”ce”-ul.

Deci, iată-te fiind ”cine”-le – tatăl tău, mama ta, comunitatea ta, lumea, nu-i așa?

Și acum ești ”ce”-ul, care este sclavul, ”Nu pot, nu vreau”.

Acest ”ce” este o minciună. Și ”cine” nu este nici măcar al tău, dar îl actualizezi și îl trăiești. Așadar, atunci devii sclavul. Constrângerea. Cel bolnav. Cel obosit cronic. Mesajul ” Oricât de mult aș încerca... Am făcut atât de multe... Totul ar fi trebuit să se schimbe deja până acum. Am cheltuit atât de mulți bani”.

Știi ce se întâmplă când crezi? Îți lași corpul în urmă.

Deci, toate "ce"-urile – această energie de constrângere - pentru care ați risca totul și pentru care v-ați lăsa corpul în urmă trebuie să fie modificată pentru totdeauna.

Pentru că știu pentru mine că, atunci când aleg pentru mine, mă angajez față de mine și colaborez cu Universul, conspirând să mă binecuvânteze. Eu creez; Îmi pasă de toată lumea, inclusiv de mine.

Dar sunt și mai deștept și știu când cineva îmi spune ceva că fie vrea să se schimbe, fie doar mă minte.

Dacă alegi să ajuți pe cineva fără cererea sa explicită, există riscul ca acesta să dezvolte resentimente față de tine. Și apoi asta se va lipi de tine ca lipiciul.

Așadar, toată ura lor, toată proiecția lor, toată separarea lor pe care ați blocat-o în corpul vostru, creând "cine" -le și " ce"-ul ca realitate financiară trebuie să fie reparate.

**12**

---

# NUMERAR VERSUS BANI

Te-ai gândit vreodată la diferența dintre modul în care banii te fac să te simți versus modul în care numerarul te face să te simți? Ai simțit vreodată că unul este mai intens decât celălalt?

Ai putea să întorci situația cum vrei, oricum funcționează pentru tine, orice este potrivit și ușor pentru tine. Nimic nu este bătut în cuie.

Am organizat un workshop – o serie de convorbiri telefonice – numit *Losing the Lack of Cash Flow*. (*Cum se pierde lipsa fluxului de numerar*) Am petrecut opt săptămâni doar cu numerar, chiar dacă știu că numerarul înseamnă bani.

Există doar ceva separat și nu prea am un răspuns direct pentru tine în această privință. Însă pot oferi punctul meu de vedere interesant.

Știu că am bani în bancă, la pensie și în investiții. Și știu că am numerar. Dar numerarul pe care mi-ar plăcea să-l am ar fi altfel decât banii mei. Îmi place să-l am în portofel, deși nu toți banii mei vor încăpea în portofel.

Când călătoresc în jurul lumii, ceea ce fac foarte des, îmi place să am mulți bani în numerar. Îmi place să știu mereu că, de exemplu, atunci când ești în India și cardul tău este furat și nu te poți întoarce în State, iar ei nu știu că ești tu pentru că telefonul tău mobil nu primește codul pe care trebuie să-l trimită pentru a le spune că ești tu și că nu ai bani și nu poți ajunge nicăieri cu ei – aceasta este energia în care nu vreau să fiu.

Și am fost în ea de prea multe ori, precum și când am privit acel zero în contul meu bancar de prea multe ori.

Deci, îmi place să am bani și îmi place să am numerar. Îmi place să mă joc cu ambele tipuri de bani. Acesta este punctul meu de vedere interesant. Și pot exista o mulțime de minciuni asociate cu asta. Acest lucru îmi amintește de interacțiunea mea din cadrul atelierului cu un participant. Când am descris opiniile mele despre bani și numerar, ea a răspuns cu propria curiozitate.

Ea a spus: ”Deci asta e bine. Vă mulțumesc pentru clarificare, deoarece discuția se duce în altă parte. Cu numerarul, din punctul dumneavoastră de vedere, îmi dau seama că banii se simt mai confortabili și mai siguri, deoarece sunt aproape intangibili. Numerarul este tangibil și, poate pentru că acolo unde am crescut, având acea sumă de bani, ar putea atrage multă atenție și poți fi jefuit. Să merg la bancă și să obțin o sumă imensă de numerar ar fi atât de înfricoșător”.

”Unde ai crescut?”

”În Venezuela”.

”Da, știu bine. Venezuela, țara a două seturi de cărți. Ce arăți și ce nu știe nimeni”.

”Acestea fiind spuse, mă întreb dacă există o minciună în spatele ei, pentru că mă simt confortabil cu banii, dar când vine vorba de numerar –”

”EXISTĂ o minciună. Tocmai ai spus-o, că ”Dacă aș scoate bani, aș fi jefuită. Mi s-ar fura. Deci, există ”cine” chiar acolo. Asta e minciuna”.

Ea trăise o minciună că banii vor fi întotdeauna furați. Și asta trebuie să-i fi creat o mulțime de probleme, după cum ne putem imagina.

Să spunem că minciuna este butucul unei roți și tu o crezi.

Trebuie să iei spițele roții pentru a păstra acea minciună. Și apoi trebuie să pui janta în jurul ei pentru a ține roata în poziție și apoi cauciucul în jurul ei, și apoi trebuie să repeți acțiunea pe cealaltă parte.

Ești atât de strâns legat de punctul tău de vedere fix, încât nimic altceva decât să fii jefuit nu poate veni la tine. Deci, în loc de ”Banii vin, banii vin, banii vin”, este ceva de genul: ” Fură de la mine, fură de la mine, te rog. Ia de la mine, ia de la mine, ia de la mine”.

Este ceva de genul: ”Cere și ți se va da”. Universul conspiră să te binecuvânteze. Nu există nicio discriminare între ceea ce scoți și ceea ce ți se oferă. Ți se oferă exact ceea ce ceri.

Dacă tu crezi că cineva te va minți, vei urmări acea minciună. Dacă tu crezi că cineva va fura de la tine, vei atrage acel hoț. Dacă tu crezi că trebuie să ajuți pe cineva și poți oferi mai mult decât își poate oferi acea persoană sieși, ți se vor fura lucruri.

Toate sunt poziții fixe. Și acestea îți limitează potențialul.

**13**

---

# JUDECĂȚI

Când am fost vindecată de o boală care mi-a pus viața în pericol cu vindecare energetică și Theta Healing™ – mi-a fost atât de teamă că voi fi chemată de comisiile de licențiere și îmi vor lua licența pentru că mi-am pus mâinile pe oameni. Aceasta este o judecată mare. Ați trecut vreodată printr-o astfel de reexaminare? Am trecut prin câteva dintre ele. Nu este distractiv. Deci, găsiți judecăți de genul acesta.

Luați acea energie, oriunde ați experimentat-o în orice situație din viața voastră și percepeți unde o simțiți în corpul vostru. Acum, pentru o clipă, extindeți-vă energia spațiului un milion de kilometri în sus, în jos, la stânga, la dreapta, în față și în spate, percepând încă unde v-a lovit acea judecată în capul sau corpul vostru.

Orice ar fi – cea mai mare frică a voastră, cea mai mare îngrijorare a voastră – și oriunde ar fi – inspirați energie prin fața voastră, prin spatele vostru, prin dreapta, prin stânga, în sus prin tălpile voastre, în jos prin capul vostru.

Acum fii la fel de mare ca Pământul.

Și din ce în ce mai mare, încă percepând acea judecată.

Acum, extrage acea judecată – ”Sunt nebun, ești nebun, ești un dobitoc, nu ar trebui să faci ceea ce faci, nu meriți această licență, acea licență, ești doar narcisist, vrei doar banii mei, ești un nebun. Ar trebui să fii împușcat, ucis, mutilat, torturat, eviscerat (asta înseamnă o altă viață) – orice ar fi, trage până la capăt.

Acum, întoarce acea moleculă, oriunde percepi acea energie în corpul tău, dacă este încă acolo. Întoarce acea judecată expeditorului cu conștientizare și spune-mi ce observi.

Ești mai ușor, mai expansiv sau mai intens și mai constrictiv?

În primul rând, nu te-ai blocat în judecată. În al doilea rând, ai luat judecata și ai extins-o ca spațiu. Când judecata și densitatea sunt lovite de spațiu, densitatea se eliberează și spațiul predomină.

Cei mai mulți dintre noi constrângem, ne apărăm și facem chestia aia tipic americană, care este societatea litigioasă. Mergem la un avocat. Corect? Constrânge și apără.

În loc să facem acest lucru cu judecata, care este lucrul intrinsec de făcut, o aruncăm în aer extinzându-ne ca spațiu, trăgând-o prin tine, întrebându-ți corpul ce este dincolo de ea și creând spațiu, care apoi îți oferă mai multe opțiuni, mai multe alegeri, mai multe posibilități și nu mai ești blocat în păpușa de gudron a altcuiva.

Fă ceea ce am spus sau ceea ce te ghidez pentru că asta va deschide spațiul pentru a ieși din minciuna lui ”cine” și ”ce” în care te transformi, în loc de realitatea financiară care este adevărată pentru tine.

Când ai de ales și ai posibilitate și creezi și generezi, adaugi.

Așadar, cu toate judecățile pe care îți este frică să le primești, ai primi puțin mai multe din ele, astfel încât să poți primi prosperitatea financiară și abundența care sunt cu adevărat ale tale?

Deci, dacă te blochezi în judecăți, limitezi suma de bani pe care o poți avea și limitezi suma de bani pe care o poți primi de la oameni. Acesta este lucrul ciudat, așadar asta este o altă minciună.

Minciuna este că, dacă blochezi judecățile, vei fi liber.

Dar ceea ce vreau să spun este că, dacă primești judecățile din punct de vedere financiar, vei avea mai mulți bani, mai mult numerar și mai multe alegeri.

Și de ce ar fi nevoie pentru a crea o sută de milioane de dolari în fiecare zi? De ce folosesc o sută de milioane? Pentru că există atât de multe judecăți acolo și există, de asemenea, atât de multe moduri în care nici măcar nu poți pune nicio formă, structură sau semnificație în jurul sumei. Când densitatea întâlnește spațiul, densitatea se disipează. Când spațiul întâlnește densitatea, spațiul prevalează. Când spațiul prevalează, apar alegerea, posibilitatea, contribuția. Cha-ching, cha-ching, cha-ching. *(Nota traducătorului: Cha-Ching este un program de alfabetizare financiară pentru a ajuta părinții din Asia să construiască valori inteligente pentru bani pentru copii).*

Banii vin, banii vin, banii vin, banii vin.

Spune împreună cu mine: "Banii vin, banii vin, banii vin" și percepe cum te simți când spui asta.

. . .

Iată tema ta:

Întreabă: ”Care este realitatea mea financiară?” Scrie și lipește întrebarea pe oglindă sau pune-o în carnețel sau înregistrează-te audio spunând-o.

Dacă ești într-un ”cine” sau într-un ”ce” sau refuzi să vezi judecățile, întreabă-te: ”Ce va crea asta?” Este aceeași întrebare, dar există două perspective diferite.

Vrei să actualizezi energia, spațiul și conștiința realității tale financiare și vrei să cureți actualizarea lui ”cine”, ”ce” și refuzul de a primi judecățile, astfel încât să poți primi realitatea ta financiară.

”Așadar, ce pot fi sau face astăzi pentru a-mi primi imediat realitatea financiară?”

Trebuie să alegi să fii tu. Alege să te dedici ție. Alege să colaborezi cu universul, conspirând să te binecuvânteze și alege să creezi.

Așadar, din nou, întrebările sunt:

*Ce va crea acest lucru? Cine sunt eu?*

*Ce sunt eu?*

*Ce minciuni cred?*

Dacă face parte din realitatea ta financiară, atunci primește judecățile și continuă să alegi pentru tine, creând pentru tine, colaborând cu universul care conspiră să te binecuvânteze și apoi angajează-te în ceea ce știi că este adevărat.

Amintește-ți, ești o ființă infinită care poate crea posibilități infinite.

Nu te limita niciodată. Nu te constrânge niciodată. Nu te închide niciodată în cușcă. Nu te distruge niciodată.

Și ieși acolo făcând ceea ce îți place din realitatea ta financiară autentică.

# 14

# LUMINOS, CORECT ȘI SPAȚIOS

Vreau să îți iei o pauză și să îți observi corpul și mintea – cum te simți, deoarece, după sfârșitul acestui capitol, s-ar putea să te simți diferit, adică mai spațios.

Permite-mi să împărtășesc mai întâi o scurtă poveste; este un lucru mic și distractiv pe care îl fac în cadrul atelierelor mele. Adesea, în timpul atelierelor despre bani și libertate financiară, aduceam o grămadă de bani la începutul orei... Pentru că, ei bine, era distractiv. Și se pare că eram obsedată de bancnotele de 100 de dolari. Imprimăm atât de multă energie acestei bucăți de hârtie, nu? Și, în plus, este foarte interesant să ai o clemă de prins bancnotele din aur de 14 karate.

Spun acest lucru pentru că aduce atât de multe proiecții, judecăți, temeri, dorințe și furie. Și asta este ceea ce fac pentru a-mi câștiga existența – vorbesc despre toate aceste lucruri.

Așadar, aduceam mai întâi această grămadă de bani, intenționat. Îi făceam pe oameni să se uite la realitatea banilor, la ceea ce erau din punct de vedere fizic. Și vreau ca și voi, cititorii mei, să faceți același lucru.

Câți dintre voi, inclusiv eu, v-ați îndoit, mutilat și capsat pentru a încerca să faceți 100 de dolari sau chiar să faceți 1 dolar?

Acesta este motivul pentru care trebuie să descoperim minciunile despre bani, din cauza măsurii în care ne-am strădui să punem mâna pe ei. Cel puțin, meritäm să le cunoaștem adevărul.

Descoperirea minciunilor adânc înrădăcinate poate fi extrem de puternică. Când am început să învăț că pot vindeca boli care pun viața în pericol fără medicamente, spitalizări, anestezie sau ajutorul altcuiva, altul decât mine și alegerea mea, am decis că, în calitate de coach, terapeut și doctor în psihologie, clienții mei trebuie să știe despre asta.

Am avut emoții mergând pe acest drum, dar nu a contat pentru mine, pentru că aveam o boală. Eram pe canapea și nu puteam să mă dau jos de pe ea. Aveam dureri.

Mi-am pierdut afacerea, cabinetul, pensia, economiile, casa – am pierdut totul într-o singură privință.

A fost vreunul dintre voi vreodată în acel punct cu banii în care să nu mai aibă nimic? Nu doresc asta nimănui, dar aceasta este povestea mea adevărată.

A fost o vreme în viața mea când nu aveam decât zerouri care se holbau la mine. Nu era nimeni la care să apelez, nu era nimeni pe care să-l pot întreba, nu mai aveam nimic și trebuia să iau o decizie. Indiferent de ce era nevoie, urma să schimb orice ar fi fost de schimbat care nu mi-ar fi permis să am bani, care nu m-ar fi putut lăsa să am bani.

Și ceea ce am aflat a fost că nu avea nimic de-a face cu nimic din afara mea.

Avea totul de-a face cu ceea ce era în mine și cu sistemele mele de credință.

Ce sunt aceste minciuni despre bani care spun: "Trebuie să fie ceva în neregulă cu mine că nu pot obține ceea ce oricine altcineva poate".

Ei bine, adevărul este că nu este nimic în neregulă cu tine. Este doar o alegere.

Ce era la mine de nu puteam avea bani? Adică, am făcut mulți bani. Am o mulțime de diplome, educație și formare. Aș putea lucra oricând. Am început cu livrarea ziarelor de când aveam 8 ani și am lucrat la Dunkin' Donuts făcând gogoși la 14 ani.

Întotdeauna am avut bani și am muncit, dar niciodată nu am avut o ușurință în relația cu ei.

Întotdeauna am muncit pentru fiecare bănuț pe care l-făcut vreodată. Dacă nu puteam lucra, nu câștigam bani. Am aflat asta foarte devreme de la tatăl meu, cu recunoștință, deși, mai târziu, abordarea aceasta mi-a cauzat și unele probleme.

Când a murit, eram în străinătate, în Australia. Nici măcar nu știam că era bolnav sau că mă lăsase executor testamentar. Nu aveam niciun plan de rezervă, iar asta se întâmpla după boala care mi-a pus viața în pericol.

Primul meu moment la zero, stând la o benzinărie, neștiind cum voi obține benzină ca persoană educată și licențiată profesional, a fost chiar ca o pastilă greu de înghițit. Am răcnit literalmente până mi-au ieșit ochii din cap, încercând să-mi dau seama ce naiba aveam de gând să fac. Nu mi se întâmplase niciodată asta.

Ceea ce spun ar putea fi un fel de extremă pentru unii dintre voi pentru că nu aveți această experiență.

Am înțeles. Dar întotdeauna le spun practicienilor cu care lucrez că poți preda și facilita ceva doar în măsura în care ai experimentat tu însuți.

Banii sunt ceva cu care m-am luptat – și ceva la care am avut foarte mult succes. Și sunt ceva la care încă lucrez să mă dezvolt, pentru că nu am toate problemele financiare rezolvate și totuși sunt pentru progres, nu pentru perfecțiune.

Nu sunt 100% setată așa cum aș vrea să fiu, dar vă pot spune un lucru: voi ajunge acolo orice s-ar întâmpla – indiferent de ce este nevoie să fac, indiferent de ceea ce am de pierdut, indiferent de ceea ce trebuie să închid, indiferent unde trebuie să mă mut, indiferent ce trebuie să fac, indiferent ce parte a lumii mă cheamă.

Voi alege ceea ce este ușor și corect și ceea ce funcționează cel mai bine pentru mine din punct de vedere financiar, emoțional, spiritual și fizic.

Așa vin banii la mine, cu adevăr și lumină.

Banii vin la petrecerea plăcerii. Banii vin la ceea ce este ușor și potrivit pentru tine. Banii vin atunci când trăiești cu adevărat cu tine. Banii vin atunci când ești autentic. Banii vin atunci când ești fericit.

Nu mi-a plăcut niciodată să ascult oamenii care facilitează când spun că au totul. Nu am încredere când le au pe toate și știu totul, sau când au fost acolo și au făcut asta. Nu am încredere. Am încredere într-o poveste autentică, veritabilă.

Cu toții avem chestii în spate. Cu toții venim cu bagaje.

Există toate aceste domenii ale vieții tale – fizice, mentale, emoționale, spirituale, psihologice, psiho-somatice, psiho-energetice, psihice, relaționale. Există întotdeauna patru sau cinci zone care funcționează bine pentru tine și apoi una sau două sau trei care nu funcționează așa cum ar trebui.

Pentru mine și pentru mulți dintre clienții cu care am lucrat, domeniile cu care am avut cele mai mari dificultăți au fost banii, corpul, sănătatea și relațiile.

Îmi cunosc scheletele din dulap – abuzurile pe care le-am suferit – și vorbesc în fiecare zi cu 205 000 de ascultători pe săptămână la emisiunea mea Voice America despre depășirea abuzului, abuzul financiar, abuzul sexual, limitările și constrângerile la ceea ce am numit vitalitate radicală, ceea ce înseamnă să alegi pentru tine, să te dedici, să colaborezi cu universul, conspirând să te binecuvânteze și apoi creând.

Astăzi, nimic nu se mai ascunde sub niciun preș. Nu mi-e frică de nimic. Pot înfrunta orice. Am pierdut totul. Am câștigat totul. M-am mutat. Am renunțat la cabinetul meu. Am renunțat la o afacere. Am creat-o din nou. Am închis-o. Și am creat-o din nou.

Am scris cărți. Am publicat cărți. Nu am publicat cărți.

Continuu să aleg ceea ce este ușor și potrivit pentru mine, indiferent de traumă, indiferent de tragedie și indiferent de povestea pe care o am.

Ai fi dispus să renunți puțin la tragedia, trauma și povestea ta care se actualizează, că nu ai tot ce îți dorești legat de bani și s-ar putea să nu ai tot ce îți dorești în corpul tău, în relațiile tale și afacerea ta? Poate doar o schimbare de un grad?

Încă mai avem restul lumii cu care să stăm de vorbă, și, dacă vrei să ai un cabinet și oamenii să vină la tine, nu-i poți înstrăina vorbind o limbă pe care nu o înțeleg, nu?

O schimbare de un grad este calea mea, așa că eu pot cuprinde toată lumea - toată lumea poate face o alegere.

Indiferent ce faceți, nu vă cunosc pe toți. Cred că sunteți vindecători într-un fel – practicanți, căutători educați.

Am sentimentul profund că fiecare dintre voi are propriul ROAR – actualizarea fizică a propriului tsunami, vulcan, cutremur – acele vieți din interiorul vostru și că, actualizându-vă autenticitatea, schimbați lumea.

Deci, ce legătură au toate acestea cu banii? Au de-a face cu asta: Cu adevărul, ușor sau greu.

Lumina este spumoasă și expansivă, ca o șampanie excelentă. Știți că bulele sunt bune în partea de sus a paharului.

Intensitatea, greutatea sunt ca și cum te-ai târî într-o minge. Poate că le simți în stomac. Sunt o constrângere. Sunt o limitare. S-ar putea să obosești puțin sau să caști puternic.

Deci, iată întrebarea mea pentru tine, și apoi tu decizi cum te face adevărul să te simți: ușor sau greu.

Îți trăiești realitatea financiară? Adevărul cum este? Ușor sau greu?

Dacă da, atunci ai tot ceea ce îți dorești? Adevărul cum este? Ușor sau greu? Fără bine sau rău.

Voi repeta acum cele trei întrebări de bază care alcătuiesc esența acestei cărți. Le puteți folosi tot timpul când vine vorba de bani. Scrieți-le:

. . .

1. *Cine ești?*
2. *Ce ești?*
3. *Ce minciună crezi?*

Așadar: ”Cine ești, ce ești și ce minciună crezi?”

Foarte simplu...

Acum, acest lucru poate să nu pară legat de bani sau numerar sau ceva de genul acesta, dar vă pot spune că, în seara asta, veți începe să vedeți ceva – ceea ce ați crezut că este realitatea voastră financiară nu este și energia pe care ați pus-o în realitatea voastră financiară care, de fapt, nu este. Și veți expune minciuna pe care ați făcut-o adevărată, dar nu este.

Veți începe să vă scoateți ochelarii de cal, mantia, costumul pe care l-ați purtat în contul vostru bancar, în afacerea voastră, în relațiile voastre sexuale, în relația voastră, în creșterea copiilor, în relația voastră cu animalele voastre, în relația voastră cu mașinile voastre, în relația voastră cu Pământul.

Și când începi să dai jos mantia, atunci începi să te dezvelești pe tine.

Atunci tu răcnești (ROAR) și acea actualizare fizică a bubuiturii, a cutremurului, a tsunami-ului, a vulcanului – unic și numai tu – începe să iasă la iveală.

Atunci se mișcă și providența și lucrurile încep să vină în calea ta.

Nu îngerii parcării vă oferă locurile de parcare, dragi prieteni.

Tu ești cel care face un pas înainte pentru a fi mai mult din tine.

De exemplu, o dată, după un preaviz de 90 de zile, mi-am concediat tot personalul. Fiecare persoană. A fost cel mai mare risc pe care mi l-am asumat vreodată pentru a alege pentru mine în ceea ce privește afacerea mea – pentru că eu eram ceva care, în afacere, nu funcționa. Încercarea de a-i face pe oameni să lucreze pentru mine nu a funcționat.

Eu eram o energie – era ca un joc telefonul fără fir. Spuneam: ”Terminați sarcina A” și devenea ceva spus în mandarină, rusă și spaniolă, și când se întorcea la mine informația, ei spuneau: ”Uite, am făcut ce mi-ai zis”, iar eu spuneam: ”Dar nu este ceea ce am cerut eu să faci”.

Este un exemplu extrem, dar așa pot explica cel mai bine.

Și apoi a existat o altă energie în jurul minciunii privind modul în care trebuia să fac bani, adică să muncesc până cad pe jos. Observați ce am spus despre tatăl meu de la început: muncește din greu și fără nicio ușurință.

Să faci asta în 90 de zile nu a fost un fel de sindrom bulimic. A fost ceva foarte pragmatic în sincronizare. Spuneam: ”Ne apropiem de 30 de zile; Iată ce trebuie să atingem. Iată ținta. Hai să facem asta, ba da da da”. A fost foarte clar tot timpul, dar trebuie să vă spun, sunt speriată de moarte.

Absolut, total vulnerabilă.

Am fost întrebată de un fost mentor: ”Ce te costă să îi păstrezi? Cât te costă să-ți păstrezi personalul?”

"Sănătatea mea, părul meu grizonat. Primesc ceva mai mult".

Apoi am spus: "Chiar vreau să merg cu această firmă de marketing care cred că mă poate duce acolo unde vreau cu adevărat să merg și ce vreau cu adevărat să fac cu cărțile, programul de certificare și toate astea pentru a transfera trauma de pe această planetă".

Împărtășesc asta cu voi pentru că trăiesc asta. Refuz să trăiesc prin minciuna despre bani și refuz să mai fiu sclava banilor. Am refuzat să mai fiu sclava abuzului, la fel cum refuz să fiu sclava a orice altceva decât ceea ce este ușor și corect și parte din ROAR-ul meu (Realitatea Vie Radical Orgasmică).

Așadar, ați dori cu toții să vă alăturați mie în acest demers? Și să renunțați la tot ceea ce nu vă permite să trăiți mai mult, să știți mai mult, să fiți mai mult, să primiți mai mult și să percepeți cine sunteți cu adevărat dincolo de această realitate și să o aduceți în această realitate?

Permiteți-mi să vă arăt cum funcționează totul împărtășind o interacțiune din cadrul unuia dintre atelierele mele. Discutam "Minciunile despre bani" și simțeam cum energia din cameră se schimbă. "Observați... Devine din ce în ce mai grea și mai intensă atmosfera aici sau mai ușoară și mai liberă?" am întrebat. Participanții au răspuns în unanimitate: " Mai ușoară".

Simțindu-mă încurajată, am întrebat: "Aveți ceva ce ați dori să întrebați?"

Un participant a ezitat înainte de a întreba. "Doamne, sunt atât de multe lucruri de întrebat. Să începem cu locul meu de muncă. Câștig un salariu pe oră și aș vrea un loc de muncă cu salariu mai mare și, în cele din urmă, propria mea companie. Mă simt foarte, foarte supărată că sunt aici când știu că pot fi acolo".

"Deci, cine ești când ești aici?" am întrebat, curioasă fiind despre energia pe care o întruchipa.

"Mama mea", a recunoscut ea cu un sentiment de frustrare.

"Și ce îți place în a fii mama ta în meseria ta? Ce îți place în a o aduce la lucru cu tine în fiecare zi? Poate să-ți iei pauzele la serviciu cu mama ta", am spus eu, dorind ca ea să exploreze dinamica de bază.

"E nasol", a răspuns ea, nemulțumirea ei fiind evidentă.

Apoi, am extins ancheta, implicând și pe alții. "Și câți dintre voi faceți același lucru cu mamele voastre? Deci, cine ești, mama ta? Ce îți place la a fi mama ta?"

"Mă simt în siguranță", a zis un alt participant.

"Bine. Deci, spune-mi ce este, de fapt, sigur în a-ți aduce mama cu tine, în a mânca pentru ea, gândind cu ea, făcând alegeri cu privire la afacerea ta cu ea când vrei să fii acolo, dar rămâi aici? Adevărul. Care este minciuna după care trăiești?"

"Nu sunt suficient de bună până nu am asta", a mărturisit participantul, dezvăluind o credință adânc înrădăcinată.

"Nu ești suficient de bună pentru a avea ceea ce își dorește ea. Nu ești suficient de bună pentru a avea ceea ce vrei. Adevărat. Oricine altcineva vrea să renunțe la un procent din "Nu sunt suficient de bun pentru a avea ceea ce vreau?" i-am îndemnat, invitându-i pe alții să reflecteze.

"Deci, ce îți place în a nu fi suficient de bună pentru a avea ceea ce vrei?" am continuat.

"Nu trebuie să mă expun acolo", a recunoscut ea.

"Și dacă ajungi să te ascunzi și nu te expui acolo, care este cea mai bună parte din asta în timp ce tu și mama ta stați în spatele biroului și al salariului, salariului pe oră? Și nu ajungi niciodată acolo unde vrei să fii?"

"Poți să te ascunzi", a recunoscut ea.

"Știu", am empatizat. Am simțit greutatea emoțională pe care o purta.

"Tot ce fac este să mă conectez cu energia ei, iar cuvintele vin de acolo. Simt constrângerea în pieptul ei, iar ea se cam prăbușește. Dar asta este ceea ce facem". Am adăugat, recunoscând tiparele familiare. "Ea ia o decizie cu privire la faptul că nu are ceea ce își dorește, alegând să rămână conectată la ceea ce este mama ei. Crezi că asta îți va afecta fluxurile de bani?"

"Da", a răspuns ea, recunoscând impactul.

"Mamei tale i-au plăcut banii din punct de vedere energetic?"

"Nu".

"Mamei tale i-a plăcut munca ei?"

"Nu".

"A rămas la acel serviciu când, de fapt, nu a vrut să fie acolo?"

"Se poate pensiona chiar acum, dar nu o face", a împărtășit participanta.

"Adică, a rămas la locul ei de muncă chiar când nu a vrut să rămână la acel loc de muncă?"

"Da".

"Exact. Tu rămâi la locul tău de muncă atunci când, de fapt, nu vrei să rămâi la locul de muncă?"

"Da", a admis ea, recunoscând paralela.

"Acum, te rog, dacă nu se simte ușor și corect pentru tine, nu pleca de aici și nu renunța la slujbă dacă nu ai altceva în loc, deoarece cred că există și o modalitate de a fi pragmatic" am zis, înțelegând complexitatea deciziilor din lumea reală.

I-am spus: "Treaba ta este să-ți dai bani, dar afacerea ta și ROAR-ul tău sunt acolo unde vrei cu adevărat să fii – și asta îți va oferi totul, inclusiv bani. Cei mai mulți dintre noi alegem să rămânem din cauza banilor și ne neglijăm ființa, alegând ceea ce alegem".

Această persoană magnifică alegea o realitate financiară care nu era a ei. Unii dintre voi nu vor să-și părăsească mamele. A fost un film numit "Throw Mama from the Train" (*Arunc-o pe mama din tren*). S-ar putea să doriți să-l urmăriți.

Am organizat un atelier în California timp de 15 ani numit LEAP, care a reprezentat *Programul de acțiune pentru împuternicirea vieții*. Într-o zi, am primit o bucată mare de hârtie albă și unul dintre asistenții mei a pus bani pe ea. I-am pus pe toți să ia un pix negru și le-am spus: "Scrieți-vă toate proiecțiile despre bani – tot ce înseamnă ură, toate judecățile voastre".

M-am gândit că vor fi, poate, trei.

Doamne, nici măcar nu mai vedeam banii.

Au fost cele mai oribile fraze pe care le-am văzut scrise vreodată – și am crescut trăind într-un mediu foarte dur, caustic.

De exemplu: *"Trebuie să-ți vinzi sufletul diavolului pentru a merge înainte".*

Acum, acesta este un mod sigur de a te face să te îndepărtezi de bani. Dar alegem asta tot timpul pe ascuns.

Au fost lucruri acolo pe care nu le pot repeta aici pentru că ar suna atât de oribil. Dar știți deja asta – judecățile, proiecțiile, separările, așteptările, resentimentele, respingerile și regretele legate de bani au fost extraordinare în această lume.

Și m-am gândit în acel moment că nu e de mirare că nu au destul, că trebuie să muncească din greu și oricât de mult ar încerca, nu vor scăpa niciodată de datorii și vor fi mereu îndatorați.

Nu era de mirare că erau capabili să facă bani, dar niciodată nu puteau să-i aibă, să-i economisească sau să-i cheltuiască, că nu puteau merge niciodată în vacanță și că trebuiau să aibă trei locuri de muncă sau să se căsătorească cu altcineva care să le dea bani pentru că nu puteau trăi singuri, sau trebuiau să împrumute bani și să continue să împrumute bani de la familie sau de pe carduri de credit sau instituții și să intre în faliment iar și iar și iar.

Trebuie să-ți scoți din corp pe mama și tata și toată cultura, Vaticanul și orice altă biserică în care crezi, ca să te poți auzi.

Aceasta este întrebarea "Cine sunt eu?". Și acum "ce" ești?

Când ești mama ta, banii sunt rădăcina diavolului întrupat,

"ce" ești? Ești o copilărie reținută, speriată, paralizată, constrânsă, ținută la pământ de minciunile pe care le-ai făcut adevărate în existența ta.

Deci, concentrați-vă asupra spațiului în care se simte atmosfera ușoară sau grea, deoarece atunci când spațiul întâlnește densitatea, densitatea se disipează. Când corpul tău simte un pic mai mult spațiu, chiar dacă există densitate acolo, concentrează-te asupra spațiului.

Cei mai mulți dintre noi se concentrează pe densitate, iar densitatea înseamnă minciună.

Nu poți schimba o minciună. Poți schimba doar spațiul și adevărul.

Spațiul, adevărul înseamnă luminozitatea din voi, așa că vă rog să vă concentrați asupra moleculelor spațiului din interiorul vostru și cereți-le să continue să se rotească până când mai multe din ele intră în interiorul vostru.

Vezi doar cum faci un grad. Aceasta este o schimbare de un grad chiar acolo pentru a obține un spațiu ca acesta. Acesta este un succes.

# 15

## TAXEAZĂ PENTRU ASTA

A colabora cu universul conspirând să te binecuvânteze înseamnă să știi că universul te susține, dar nu poți ști că universul te susține până când nu ești pe picioarele tale.

Câți oameni au încercat să-ți spună că te susțin și tu zici: "În niciun caz. Pleacă".

Este pentru că nu știi ce înseamnă să te susții singur. Niciunul dintre noi nu o face cu adevărat până când nu începem să alegem pentru noi, angajându-ne față de noi.

Singurul mod în care știam cum să exist în lume era dacă cineva mă înșela, la propriu și la figurat. A fost nevoie de multă muncă pentru a anula și reconecta această credință și pentru a disemina că există oameni buni în lume care nu vor să mă înșele.

Partea mai grea a fost să diseminez că există oameni în lume cărora nu le pasă de mine și ar dori să mă calce în picioare.

Trebuie să fii conștient de tot.

Nu știu de ce, dar sunt doar câțiva oameni care nu mă plac. Nu știi că există unii oameni care nu te plac? Și oare nu există oameni care nu-ți plac de la prima întâlnire și nu ai idee de ce?

Este ca ceea ce a spus nepotul meu când mama mea a încercat să-l urce pe elefant la circ când avea patru ani: "Nu pentru mine, mami. Nu pentru mine".

A trebuit să învăț cum să fiu pe picioarele mele și să schimb asta. Un fost mentor îmi spunea mereu: "Prin ce ai trecut și abuzurile pe care le-ai trăit – alese și trăite – cum se face că ești atât de bună și îți pasă de oameni și ești implicată în schimbarea, creșterea și transformarea lor, precum și a ta?"

M-am gândit: "Habar n-am. Nu este toată lumea așa?"

Atunci am început să acord atenție faptului că există o diferență în mine. Acum, nu spun că nu există o diferență în fiecare dintre voi. Și despre asta este vorba în amprentarea sufletului.

O amprentă a sufletului este amprenta noastră unică, caracterul unic și conturul sufletului nostru, ROAR-ul nostru. Dacă ar trebui să avem un loc de muncă, o țintă sau cum vreți să-i spuneți, acea intenție este să dezlănțuim acel ROAR, amprenta sufletului vostru pe buzele acestei realități.

ROAR-ul meu este ceea ce fac eu cu orele, cabinetul, scrisul, emisiunea radio și tranziția traumei de pe această planetă, trecând dincolo de cușca abuzului, limitării și constrângerii la vitalitatea radicală. Despre asta este vorba. Vorbesc despre asta în fiecare zi. Scriu despre asta în fiecare zi. Nu știu cum naiba am avut peste 100 de emisiuni la Voice America despre acest subiect pentru că aș crede că au devenit plictisitoare, dar emisiunile continuă să fie create.

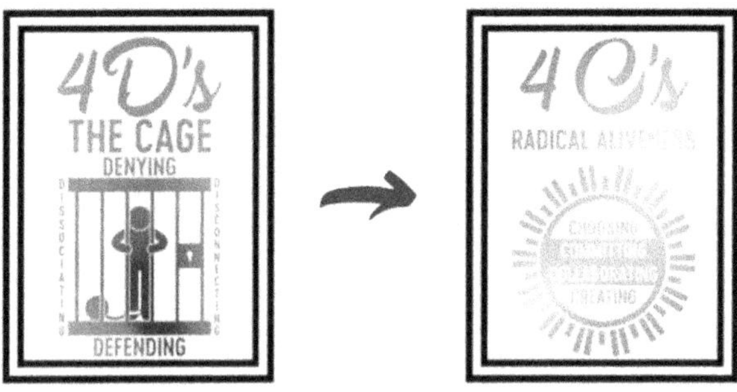


Atât de mulți oameni sună la emisiunea radio pentru a fi facilitați. Am avut recent o doamnă care a sunat din Arabia Saudită și a trebuit să vorbească de sub un birou pe Skype pentru că dacă ar fi fost descoperită punând întrebări despre asta, ar fi fost ucisă. Păstrez acea emisiune în direct pentru o altă persoană ca aceasta, care s-ar putea să nu aibă niciodată șansa de a spune ce este adevărat pentru ea, cu excepția acelui moment de spațiu în Arabia Saudită. Aceasta este amprenta sufletului meu.

Nu știu ce veți face cu toții, dar ceva se va schimba. Oamenii și lucrurile în care ești investit și implicat – copiii tăi, familia ta, fluxurile tale de bani – se vor schimba pentru că vei privi lucrurile diferit. Când vezi că acel cont scade și ai acel sentiment familiar în corpul tău, poate vei spune: "Cine sunt eu chiar acum?"

Orice ar fi ceea ce schimbă energia, te trezește și spune: " Bine, dacă sunt așa chiar acum, cum se simte asta?"

"Ei bine, asta se simte destul de oribil, într-un mod anxios. Ce pot alege mai ușor și mai potrivit pentru mine?"

Ridică receptorul și sună pe cineva, fă o ședință sau orice

altceva. Vinde un condominiu sau o casă. Orice – iată, ai bani.

"Ce sunt când acel sentiment familiar și contul bancar se prăbușesc?"

"Ce sunt chiar acum?"

De obicei, este ceva jalnic. De obicei, ești speriat, copleșit, închis, dens.

"Bine, cum mă ajută asta la ceea ce creez? Asta îmi distruge sau îmi creează creațiile?"

Dacă nu îți creează creațiile, atunci fă o alegere diferită și fă tot ce este necesar: ieși din casă, mergi la plimbare, urcă pe Pământ, urcă pe un cal, urcă pe altceva.

Orice trebuie să faci. Este vorba despre a face, nu despre a gândi. Este vorba despre a face dintr-un spațiu de percepție și primire. Apoi, cea mai bună întrebare pe care ai putea-o pune este: "Bine, se întâmplă asta. Ce minciună cred acum despre care am presupus că este adevărată?"

Și când primești răspunsul, dacă se simte greu, nu-l crede. Este o minciună pentru că nu poți schimba o minciună. Nu poți schimba greutatea. Te poți schimba doar făcând ceea ce este ușor și potrivit pentru tine.

De fiecare dată, urmează ceea ce este potrivit pentru tine. Lumina generează lumină.

Sunt cu tine. Îți garantez că ai înțelegere și multă genialitate de oferit oamenilor. Și eu zic să taxezi pentru asta.

Taxează pentru asta.

Și îți garantez că poți crea ceva cu mâinile tale pe care nimeni altcineva nu o poate face. Și îți spun să folosești acei bani din genialitatea ta pentru a crea mai multă genialitate, pentru a vinde mai multă genialitate din tine, astfel încât mai multă genialitate din tine să apară în lume. De fiecare dată când curge, creează mai mult. Pentru că te ridici pentru a fi ROAR-ul tău, iar tu fiind tu faci asta.

Când cineva vine la mine și deschide ușa cu un grad, pot intra cu totul. Pot salva ce este mai bun din ei. Sunt un copil mijlociu. Știu cum să trec prin lucruri. Am supraviețuit mult. Mă pot descurca cu multe, așa că prezentați-mi ceva, nicio problemă. Dar a trebuit să învăț să-mi trag energia înapoi, să-mi extind spațiul, să-mi folosesc ambele urechi, și când cineva vine pentru muncă individuală, spun: ”Bine, când pleci de aici, ce vrei să fi lăsat aici, doar pentru azi?” De obicei spun: ”Nu știu”.

”Ei bine, mă plătești. Ce vrei să fac?”

Și îi fac să iasă în față și să spună ce ar vrea să facă pentru ca apoi să putem merge în acel spațiu care le dă putere să continue să aleagă mai mult, care este lumina interioară.

Cel mai important lucru pe care trebuie să-l faci este să faci ceea ce îți place, să faci ceea ce este ușor pentru tine, să fii plătit pentru asta și apoi să continui să creezi – pentru că asta înseamnă vitalitate radicală.

Când trăim altfel decât așa, suntem morți.

Și nu știu despre tine, dar să fii mort ”nu” este distractiv deloc.

Observați cât de puțin vorbim despre bani în acest capitol, pentru că în asta constă totul. Problema banilor pe care o avem nu are nimic de-a face cu banii. Are de-a face cu minciunile pe care le-am crezut ca fiind adevărate.

Cu toate acestea, atunci când vorbești în mod specific despre bani și ești constrâns de bani sau încerci să creezi ceva, cine ești?

"Ce sunt când îmi aleg mama și tata?"

"Ce minciună cred și pe care o numesc adevărată și care mă face să aleg împotriva mea? Acum că știu că sunt mama și tata și nu eu".

Acestea sunt cele mai ușoare lucruri prin care vă pot spune să treceți. Acest lucru va deschide spațiul pentru a alege o altă posibilitate.

Întrebarea este: Ai fi dispus să faci asta pentru tine? Cu un grad mai mult?

Chestia asta cu banii e complicată.

Există o epidemie de abuzuri în această realitate; este norma acestei realități – ne-liniștea de a fi noi.

Minciunile despre bani se referă la confruntarea "Cine sunt eu, ce sunt eu, ce minciună cred că este adevărată?" Nu este pentru cei slabi. Este o lucrare pentru ROAR-ul rău din tine care spune: "Gata. Nu mai merită să te ascunzi în spatele acestui lucru".

Asta am spus când m-am întors și m-am confruntat și m-am uitat la toate deceniile de perpetuări și la toate rahaturile cu care a trebuit să mă confrunt.

Ajunge.

Nu aveam de gând să fiu sclava acestui lucru.

Și dacă pot ajuta o persoană prin ceea ce spun, voi vorbi despre asta. Și voi ieși acolo pentru că mulți alți oameni ca mine vor ieși și ei acolo. La urma urmei, vorbesc despre asta. Ei pot vedea că nu vor muri dacă spun ceea ce este adevărat.

Dar ne ascundem în spatele bolovanilor noștri, sistemelor noastre de credințe, punctelor noastre de vedere, mamei și tatălui nostru, locurilor noastre de muncă, sărăciei noastre, blocajelor noastre, eșecurilor noastre.

Și continuăm să fim patetici.

Dacă citești asta, nu este nimic patetic la tine. Voi sunteți oamenii care cer să aibă bani pentru că banii din mâinile voastre vor schimba această lume.

Banii din mâinile voastre vor înclina lumea pe orbita sa, doar că nu și liniile de falie. Și dacă se întâmplă asta, este în regulă pentru că vei răcni. (ROAR)

*Fii tu, dincolo de orice, și creează magie!*

## 16

# RENUNȚĂ LA MINCIUNI

Banii sunt un subiect atât de greu pentru oameni. Aduc atât de multă mizerie, negativitate și distrugere, blocaje, greutate și frică – tot ce există sub soare, practic. Dar acesta este și motivul pentru care merită să fie discutați, la fel de mult ca sănătatea, sexul sau relațiile. Banii au un impact profund asupra vieții noastre și avem problemele noastre unice cu ei.

Pentru mine, problema mea unică a fost că puteam oricând să fac bani, dar niciodată nu mi-am permis să-i am, să-i păstrez. Și apoi am început să observ că exista un tipar la clienții mei care aveau același ”sindrom inițial”, în care puteau crea bani, dar nu i-au păstrat niciodată sau nu i-au avut.

Am început să-i privesc și să-i văd pe acești oameni cu care lucram, oameni cu adevărat grozavi, cedând sub acest guru, zeu, lucru pe care ei îl numeau bani.

Apoi, cu ceva timp în urmă, ceva s-a schimbat complet pentru mine, financiar și energetic, unde multe dintre lucrurile despre care am vorbit aici au dispărut. Nici nu știu ce s-a întâmplat.

Nu a fost ca o despărțire a mărilor, cu Moise și toată treaba aceea. Pur și simplu părea să se schimbe.

Acum, nu înseamnă că este perfect sau că nu pot face mai bine pentru că, pentru mine, mă dezvolt mereu, nu? Întotdeauna mă descurc mai bine.

Dacă te vindeci de o boală care îți pune viața în pericol fără medicamente alopate, câștigi ceva din ea. Am câștigat ceva din asta și am pus totul în joc din punct de vedere financiar pentru a face asta. A fost cea mai bună decizie financiară pe care am luat-o vreodată și ceea ce am învățat din asta este că întotdeauna vei câștiga mai mulți bani.

Și am făcut-o.

Aliniindu-te în mod constant cu ceea ce simți ca fiind ușor și corect și făcând următorul pas, urmează în mod natural o cale ghidată de energia pozitivă. Această aliniere nu numai că îți modelează acțiunile, ci reflectă și ceea ce este în interiorul tău. Ca rezultat, banii tind să te urmeze, deoarece alinierea interioară și energia pozitivă creează un mediu favorabil atragerii abundenței financiare.

Cu toate acestea, pe măsură ce energia realității mele financiare se schimba, am văzut că mulți oameni cu care lucram și colegi nu se schimbau.

Dacă nu înțelegeți nimic din ceea ce spun, este în regulă. Apreciez când oamenii nu înțeleg pentru că, atunci când înțelegi, poate doar imiți punctul de vedere al altcuiva.

Și nu vreau să stai sub punctul de vedere al altcuiva pentru că au fost atât de multe decenii în care cu toții ne-am întruchipat și ne-am îmbrățișat sub punctul de vedere al altcuiva – și apoi am numit asta realitatea noastră.

Încă o dată, acest capitol va vorbi mai puțin despre bani și numerar, dar se concentrează în schimb pe tot ceea ce aveți nevoie pentru a vă crea "fluxul de bani" - sau lipsa acestuia - în contul bancar, portofoliul, investițiile, carnetul de cecuri și în buzunarul vostru chiar acum.

Tot ceea ce vom vorbi este ceea ce se actualizează ca realitate financiară.

Vedeți, tatăl meu mi-a vorbit mereu despre relații. El a spus: "Se spune că polii opuși se atrag. Și asta am primit. Și vedeți cum a funcționat pentru noi?" Vorbea despre căsătoria lui. Și până acum, știți cu toții că asta a fost o altă problemă și am mers să fac multă terapie pentru perioada aceea.

De aceea am obținut o diplomă în psihologie, ca să pot împiedica alți oameni să facă asta. Ești învățat ce trebuie să faci în viață într-un anumit fel.

Tata mi-a spus ceva de genul: "Ia pe cineva cu care poți colabora, cineva cu care poți lucra, să depuneți eforturi și să creați ceva împreună. Dar nu-ți pune toate ouăle în același coș, adică în cineva, pentru a-ți face viața"

Am considerat acele lucruri pe care mi le-a spus în acele momente ca fiind cea mai bună educație financiară și de afaceri pe care o puteam avea.

Îmi amintesc primele mele zile în New York, privind la toată lumea ce mergea spre gară pentru că trebuia să merg să lucrez în orașul New York. Trebuie să urc zilnic în tren și să lucrez undeva în afaceri. Trebuia să port costum zilnic, să-mi pun tenişii sau adidaşii şi tocurile în servietă, să merg la metrou şi să ajung în oraş.

Asta trebuia să fac.

Îmi amintesc că mă uitam la lună pe fereastra dormitorului meu şi spuneam: "Doamne, orice ai face, nu mă lăsa să trăiesc o viaţă fără suflet".

Da, un pic de judecată.

Din cauza a ceea ce am văzut – toţi cei care au mers până la gară, bărbaţi şi femei – nimeni nu era fericit. Nimeni nu avea zâmbetul pe buze. Toată lumea părea deznădăjduită.

Între timp, tatăl meu, în momentele petrecute în subsol, m-a învăţat să fiu cu adevărat fericită şi să fac ceea ce iubesc. Aşa că am plecat din New York cât de repede am putut şi m-am îndreptat spre vest. Când am ajuns în California, toată lumea spunea: "Da, acum e vineri, acum e luni. Să ne plimbăm cu bicicletele. Acum e marţi, acum e miercuri sau acum e joi... Să ne plimbăm cu bicicletele. Hai să facem o drumeţie".

M-am gândit: "Oare oamenii ăştia nu merg pe jos la tren, nu merg în oraş şi nu lucrează toată ziua?" Nu, lucrau în blugi şi pantaloni scurţi şi câştigau mulţi bani şi aveau zâmbete pe faţă. Aceştia erau oamenii mei, aşa credeam eu.

Acele momente cu tatăl meu au fost importante şi acolo am primit dragostea de bani. Acea dragoste din acele momente cu tatăl meu pentru bani a schimbat totul pentru mine.

A existat un pic de luptă în unii dintre acei ani, dar acum, pe măsură ce îmi amintesc aceste poveşti şi energia iubirii mele pentru bani, creează de fapt mai mulţi bani, mai multe afaceri, mai multă distracţie, mai multă bucurie, mai multă comuniune cu pământul, sex mai bun și o relație mai fericită cu mine – o relație sănătoasă cu mine și corpul meu.

Așadar, a fost ceva legat de acele momente timpurii, despre a ști cum se simt, cum miros, ce gust au banii, și povestea de dragoste pe care am avut-o cu ei, a fost într-adevăr comutatorul care a deschis robinetul de numerar și robinetul de bani pentru mine. Altfel, nu aș fi știut niciodată asta.

## 17

# LIBERTATEA SPAȚIULUI

De ce vă cer să renunțați la minciunile voastre despre bani?

Pentru că orice crezi despre altcineva care nu este al tău, îl faci adevărat pentru tine, iar apoi nu poți schimba sau depăși pentru că nu este al tău. Nu poți schimba ceva ce nu este al tău.

Are cineva ceva în viața ta care nu se schimbă? De azi înainte sper să te întrebi: "Este al meu?"

Încă o dată: Este al meu? Este credința mea? Realitatea mea?

Pentru că dacă nu înțelegi că este ușor și strălucitor și plin de viață și expansiv atunci când pui întrebarea "Este al meu?" și, în schimb, se simte dens și contractat în stomac și greu, este o minciună pe care o crezi.

Dacă se simte ușor, expansiv, liber, vesel – este adevărat.

În măsura posibilităților mele, vreau ca voi toți să fiți un pic mai deschiși decât atunci când ați început să citiți această carte. Pentru că toți venim cu punctele noastre de vedere, realitatea noastră, dorințele noastre, problemele noastre, chestiunile noastre pentru care avem nevoie de șervețelele noastre – toate lucrurile pe care ne-am simțit incapabili să le depășim.

Și ceea ce am descoperit la clienții mei și la mine este că nici măcar nu sunt ale noastre.

Le-am adoptat.

Niciunul dintre aceste lucruri nu înseamnă nimic despre tine.

Nu am doar o discuție la o cafea cu tine și spun aceste lucruri fără motiv. Le împărtășesc astfel încât să putem ajunge la acel procent care este pentru tine - și asta sper că va contribui la plecarea ta de aici și la primirea unui telefon de la cineva care îți datorează bani, că va pune un depozit în contul tău. Sau, dacă ești în căutarea unei noi funcții, că vine cumva prin poștă, prin e-mail sau apel telefonic.

Sau că poate mâine deschizi ziarul, sau te uiți pe internet, și ceva ce ți-ai dorit, fără să știi măcar că îți dorești, apare chiar pe ecran... ceva de genul acesta.

Revenind la mine și la procesul meu, am ajuns în cele din urmă în Texas. Singurul lucru pe care îl știam despre Texas erau propriile mele judecăți. Nici măcar nu știam că am o judecată despre Texas.

Apoi, când am ajuns în Texas, m-am gândit: ”Hei, îmi cam place aici”.

Încă nu îl înțeleg și nici nu trebuie să îl înțeleg. Există o spațialitate acolo, o ușurință și mie îmi place ușurința.

Nu îți arată niciodată cum gândești, ca acea invitație la acea posibilitate și la viața pe care am creat-o.

Am vândut totul, am renunțat la tot, am lăsat tot ce nu voiam să vină cu mine când am părăsit California. Nici măcar nu am vândut tot. Am vândut o parte și am dăruit cea mai mare parte. Nici măcar nu a contat pentru mine.

Știam doar că era timpul să plec și, când a venit invitația, m-am dus.

Ceea ce a conspirat să mă binecuvânteze prin Univers de la acea alegere de a urma ceea ce este luminos și corect m-a făcut fericită. Și nu pentru muncă sau bani am luat decizia.

Era Pământul. Erau caii. Era corpul meu. A fost o alegere a unei posibilități de relație și a funcționat, la început. Nici măcar nu mi-am imaginat-o vreodată.

"Uau, deci asta se întâmplă când este ceva luminos și corect și tu urmezi acea cale", trebuie să te gândești.

Da, și providența se mișcă și ea. Universul conspiră să te binecuvânteze. Cea mai rea parte a mutării a fost că devenisem puțin deprimată. Pentru că, după ce m-am mutat și totul mergea atât de bine, a trebuit să mă uit la fiecare alegere pe care am făcut-o anterior, care nu era ușoară și potrivită pentru mine.

Și asta face parte din ceea ce fac aici în "Minciunile despre bani". Vorbesc despre lucruri prin care am trecut. Nu doar le iau doar dintr-o carte sau dintr-o premisă sau pentru că este pur și simplu captivant să scrii o carte despre bani. "Hei, vino la mine. Am răspunsurile tale legate de "Minciunile despre bani".

Cartea și atelierele "Minciunile despre bani" sunt ceea ce am învățat și am văzut urmărind exact ceea ce spun aici; Folosind-o împreună cu clienții mei și privindu-mi întreaga viață extinzându-se. Privindu-mi corpul, sănătatea, fericirea, fluxurile de bani, cursurile și banii numerar schimbându-se.

Am idei care se dezvoltă, cărți pe care le-am scris și la care am participat și alte lucruri pe care le fac și pe care nu credeam că le voi face vreodată. Lucruri despre care credeam că se vor întâmpla peste 20-30 de ani se întâmplă chiar acum – doar pentru că am spus "Da" acestei posibilități.

La câte posibilități ai spus "Nu" acelui "Da" al tău care ar fi schimbat tot ceea ce numești greșit în viața ta chiar acum?

Deci, iată cea mai mare minciună despre bani - și chiar vă voi dezamăgi și îmi pare rău.

Cea mai mare minciună despre bani se adresează sistemelor tale de credințe și presupunerilor despre bani și ceea ce ți s-a spus despre bani.

Cea mai mare parte a poveștii mele, așa cum am relatat aici, a fost despre mine și "procesul" meu în raport cu ceea ce această realitate, sau mamă, tată sau oricine, mi-au spus despre bani.

Dar nu este niciodată vorba despre bani.

Această bucată mică de hârtie nu înseamnă nimic. Acest lucru - ceea ce spui tu - este distrugătorul și problema din viața ta.

Spunem că banii ne procură fericire. Sau spunem că banii sunt rădăcina tuturor relelor.

Noi spunem că trebuie să muncim din greu pentru ei.

Noi spunem că suntem valoroși doar dacă îi avem, că valorăm ceva pentru cineva doar prin mașina pe care o conducem, prin ceea ce haine purtăm, prin ce bijuterii purtăm și în ce vacanțe putem merge. Nu spun că toate aceste lucruri nu sunt minunate, pentru că și mie îmi plac. Dar câți dintre voi ați devenit dependenți de bani văzându-i ca fiind cea mai importantă parte din bucuria sau fericirea sau valoarea voastră?

Deci, ai fi dispus să renunți doar la un procent din minciuna ta că banii înseamnă ceva despre tine, că banii sunt Dumnezeul sau gurul tău sau că banii au ceva de-a face cu valoarea ta de sine?

Ai fi dispus să renunți la asta cu încă un procent?

Și peste tot ai spune: "Dacă aș avea doar această sumă de bani, atunci ar fi mai bine. Dacă fac asta, atunci voi fi fericit. Dacă primesc doar 50 000 de dolari, atunci voi fi fericit. Dacă voi plăti chiria de luna viitoare, atunci voi fi bucuros".

"Dacă am această sumă în contul meu bancar, voi lăsa bacșiș acelei persoane".

"Nu voi da 20% pentru că m-au călcat pe bătături", dar asta se întâmplă pentru că nu ai acei 20% în plus în mentalitatea ta.

Îți voi spune unul dintre micile mele trucuri.

De fiecare dată când simt acea constrângere sau cușcă în jurul banilor, dau mai mult.

Uneori este greu să dau mai mult, iar alteori nici măcar nu dau bani. Uneori dau mâncare sau haine. Trec prin multe lucruri – când aveam multe lucruri – și am rugat obiectul să-mi spună la cine i-ar plăcea să meargă. Și cui să-l dăruiesc sau să-l donez.

Prietenii mei m-au iubit. ”Nu vreau acest scaun. Nu vreau canapeaua asta. Poftim. Ia-le tu”.

Prefer să stau fără ceva decât să stau cu ceva care nu mai funcționează pentru mine. Mi-a luat ceva timp să ajung acolo, dar am decis. Am cerut ca tot ceea ce am în jur – pe care stau, ating sau ce pun pe corpul meu să se simtă într-un anumit fel. Trebuie să mă facă să mă simt bine sau să mă facă să mă simt frumoasă. Să fie moale, să nu mă strângă.

Da, îmi întreb corpul ce ar vrea să poarte în fiecare zi. Ce culoare, ce energie?

Acestea sunt lucrurile pe care minciunile ni le scot din minte - confortul, ușurința, fericirea.

Așadar, vă reamintesc. Puteți crea ușurință; Nu trebuie să îmbrățișați ne-liniștea.

### *De ce totul se învârte în jurul banilor?*

Așadar, de ce punem banii înainte de orice?

Acestei realități îi place să arate cu degetul. Dacă este vorba despre cealaltă persoană din relație sau despre medicul care nu te-a diagnosticat atunci când ai aflat că ai ceva sau ce nu este în contul tău bancar, simți că ai scăpat din încurcătură.

Dar ceea ce nu face este să schimbe modul în care te simți cu banii.

Ai fi dispus să schimbi modul în care te simți cu banii doar cu un grad mai mult? Deci, să începem cu asta, o altă minciună, numărul 2.

A doua minciună este că valoarea ta netă echivalează cu valoarea ta de sine.

Deci, spune-mi, de ce trebuie să ai bani pentru a fi respectabil? Cum se face că, doar fiind tu însuți, nu ești bine din punct de vedere financiar?

Mă voi întoarce la asta imediat, dar mai înainte, vreau să împărtășesc cu voi o poveste. Când l-am întâlnit prima dată pe Gary Douglas, fondatorul *Access Consciousness*, el îmi făcea niște facilitări într-un atelier de 7 zile în Noua Zeelandă și mi-a spus: ”Dragă, ești o curvă”.

Am început să plâng, pentru că eu credeam că este rău să fii curvă și nu știam că eu credeam asta la acel nivel sau că eu credeam că motivul pentru care am fost abuzată a fost pentru că eram o curvă. Am crezut că am făcut ceva greșit.

Așa că mi-a spus: ”Dragă, vrei să știi ce vreau să spun cu asta?”

Am spus: ”Absolut”.

Și mi-a zis: ”Ai o judecată despre cineva sau ceva?”

”Nu, nu chiar”.

Și mi-a spus: ”Chiar și prin toate abuzurile prin care ai trecut, ai urât oamenii?”

”Nu”.

Și mi-a spus: ”Știi că asta se întâmplă rar și că este diferit?” ” Da, știu”.

Iar el a spus: "Poți primi de la oricine. Și poți primi orice, și acela ești tu. Deci, ai vrea să întruchipezi curva care ești cu adevărat?"

Și am spus: "La naiba, da!"

Dar a fost nevoie de acea schimbare a judecății mele despre ce înseamnă să fii curvă pentru că, până atunci, avea legătură cu abuzul meu din trecut.

Ca cineva care a experimentat o mulțime de abuzuri, mi-a luat mult timp să-i permit corpului meu să se bucure, din cap până în picioare, de întruparea orgasmică completă. Și încă mai am niște chestii nerezolvate, dar în proporție de 99.9% este mai bun.

Apoi am întrebat: "Dar ce este o curvă?"

Iar el a spus: "Hei, dragă, curva încasează banii".

Și acesta este adevărul, pentru că dacă el sau ea nu îi va obține, el sau ea are pe cineva care să meargă să îi recupereze.

Asta vreau să fiu, un receptor al tuturor lucrurilor bune.

Nu spun că trebuie să fiu vreo proxenetă sau să fiu neautentică. Nu spun să înșel sau să ucid oameni. Și nici el nu spunea asta; El a prezentat o situație într-un mod atât de scandalos pentru mine pentru a mă face să gândesc în afara propriei cuști despre ceea ce nu aș primi. A fost incredibil de eliberator în acel moment.

Spun că tot ceea ce gândim ne-ar putea distruge capacitatea de a crea și actualiza dacă avem atașată o judecată fixă.

.  .  .

Când judeci pe cineva, vei observa că este ca și cum inima sau corpul tău se contractă, sau te simți cam dens, sau vrei să te retragi.

Cât de mult poți primi? Același lucru se petrece cu banii.

Cu cât poți primi mai multe judecăți și cu cât poți renunța la mai multe judecăți, cu atât mai mulți bani curg și cu atât mai mulți bani vor intra în viața ta și cu atât mai mult vei primi ceea ce dorești.

Aici am sărit la minciunea numărul 3 - care este despre primire și judecățile din viața ta.

Nu spun să te ridici în mijlocul camerei și să spui: "Oameni buni, puteți să mă judecați? Aruncați-vă săgețile spre mine".

Așadar, toate relațiile în care nu mai ești și care au lăsat o amprentă asupra ta din punct de vedere sexual – relațiile sexuale în care nu mai ești, inclusiv căsătoriile care au lăsat o amprentă asupra ta, despre punctele lor de vedere despre bani, despre punctele lor de vedere despre tine, despre punctele lor de vedere despre numerar, despre judecățile lor despre tine care încă înoată în conștiința ta celulară, ți-ar plăcea să fii divorțat din punct de vedere energetic de situațiile acestea?

Ai dori să disipezi și să eliberezi asta pe Pământ? Ai dori să le returnezi orice este al lor cu conștiința atașată? Ai dori să-ți eliberezi întregul sistem sexual de realitatea lor? Și să-ți lași sexualitatea să înflorească? Cu noi posibilități?

Acționează acum. Spulberă-ți minciunile punându-ți întrebări care le deconstruiesc.

# 18

## CE REFUZI?

Ce refuzi să fii când pui banii în portofel și îl întrebi ce ar vrea să spună, iar ei spun: "Nu mă iubești".

Ce refuzi să fii ce ar putea schimba acea energie imediat?

Ce refuzați cu toții să fiți cu banii pe care pur și simplu dacă i-ați iubi, dacă i-ați atinge, dacă i-ați onora, dacă i-ați respecta, dacă i-ați săruta – nu-mi pasă ce faceți cu ei – dar dacă îi iubiți, creați-i din bucuria posibilității a cine sunteți și a ceea ce ați dori să fie realitatea voastră, va veni.

Universul va conspira să te binecuvânteze, dar trebuie să alegi și să te angajezi față de tine. Este șansa ta și ai liber arbitru.

Angajează-te față de tine – nu doar pentru că îți spun eu.

Altfel, nu îți folosești banii ca posibilitate. Și nu îți folosești banii ca posibilitate pentru că nu ești dispus să fii posibilitatea.

Ce-ar fi dacă ai fi posibilitatea ce merge pe jos și aceasta este realitatea ta financiară?

Unul dintre participanții la atelierele mele "Minciunile despre bani" a împărtășit următoarele: "Banii au fost întotdeauna folosiți ca pedeapsă în familia mea.

Părinții mei au divorțat și tatăl meu a pedepsit-o pe mama luându-i toți banii pentru că o iubea. El a vrut să stea cu ea, dar ea nu a mai vrut, așa că am ajuns să locuim cu ea la Paris, dar într-un apartament mic, fiind săraci. În condițiile în care ea era fiica unui ambasador care locuia într-o casă imensă în cel mai bun loc din Paris".

Așa că i-am pus o întrebare: "Ce ai decis despre bani chiar atunci și acolo, din ceea ce ai văzut la mama și tatăl tău? Adevărul?

Primul gând, cel mai bun gând, niciun gând".

Ea a răspuns: "Acei bani au fost răi".

"Exact. Acum pot să împărtășesc ceva cu tine?

Modul în care tocmai ai vorbit cu banii tăi acolo: "Dar eu fac totul" – asta înseamnă rău". Am subliniat atitudinea ei față de bani. Și ea a fost de acord.

Am continuat: "Și de aceea orice vrei să schimbi cu bani nu se schimbă și nu are nimic de-a face cu banii.

Are de-a face cu faptul că ești rea și alegi să fii rea, la fel cum mama și tatăl tău au fost unul cu celălalt.

La câtă nebunie ești dispusă să renunți în seara aceasta despre ceea ce te-au învățat părinții tăi despre bani?

Câtă nebunie? Pentru că iată cam a ce sună povestea ta: "La naiba cu Parisul, banii, divorțul. Scoate-mă de aici, salvează-mă, salvează-mă".

Dar realitatea este că toți avem o nebunie în jurul banilor.

De aceea, minciuna numărul 2 este că valoarea noastră netă are oarecum de-a face cu valoarea noastră de sine. De aceea facem asta despre bani, și mergem la toate aceste ateliere de bani unde credem că cineva ne va da răspunsul la fluxul nostru.

Ei bine, răspunsul nu este o configurație sau un calcul, răspunsul este că tu ești tu".

"Ești rea?" am întrebat, căutând să înțeleg natura intrinsecă a acestei persoane.

"Intrinsec, totuși, ești rea? Când erai copil și te uitai la ce făceau părinții tăi, îți plăcea?" Am cercetat mai departe, invitând la reflecție asupra influențelor copilăriei.

"Nu, voiam să spun că sunt atât de rea, dar, da", a admis ea.

"Stai o secundă... asta e bine", m-am oprit, recunoscând un moment crucial. "Spune: "Sunt rea".

"Sunt rea", a răspuns participanta.

"Spune: "Sunt al naibii de rea".

"Sunt al naibii de rea", a repetat participanta.

"Știu cu siguranță că nu aș vrea să fiu de cealaltă parte a ta, de partea aceea rea, pentru că m-ai putea tăia chiar în două, nu-i așa?" Am remarcat, recunoscând potențialul pentru muchii ascuțite.

"Oh, da", a afirmat participanta.

"Banii vin la petrecerea plăcerii. Ei nu ajung la răutate și, fiind tăiat în bucăți, toată lumea va fugi. Ai terminat cu oamenii care fug de tine?" am întrebat, direcționând conversația spre o transformare.

Participanta a dezvăluit apoi o întorsătură familială a narațiunii. "Din moment ce tatăl meu nu dădea destui bani mamei mele, ca răzbunare, mama m-a trimis la cele mai scumpe școli din lume, astfel încât el să trebuiască să plătească școlile și să cheltuiască banii".

"Deci, cealaltă minciună despre care urma să vorbesc în seara aceasta este că banii sunt dușmanul tău – banii sunt criminalul tău, nu aliatul tău, și despre asta vorbește ea aici", am explicat, conectând punctele.

"Vrei să renunți la asta cu încă un grad?" am întrebat, oferind o oportunitate pentru o schimbare de perspectivă.

"Da", a afirmat participanta, semnalând dorința de a dezvălui straturile condiționărilor din trecut.

Și așa am reușit să descoperim minciunile acestei persoane, ducând-o dintr-un loc de confuzie și frustrare cu banii la dorința de a se transforma, începând doar cu schimbarea de un grad.

Înțelegeam de unde venea, pentru că prin asta am trecut și eu. Mama mea a folosit, de asemenea, bani pentru noi, fără dorința noastră, doar pentru a-și exprima furia față de tatăl meu. Nu am vrut acele păpuși Cabbage Patch! Eram un pic băiețoasă și nu voiam păpuși Cabbage Patch, dar erau anii '80 și erau un lucru mare pe atunci, și un exemplu atât de bun de cheltuieli făcute de mama ca reacție la furia față de tatăl meu.

Mama i-a zis tatălui meu: "Am nevoie de mai mulți bani pentru asta. Lisa, spune-i tatălui tău despre da, da, da, da".

Și am spus: " Da, am luat păpușile Cabbage Patch. Mulțumesc, tată".

Am plecat și m-am dus undeva. "Oh, Doamne, oamenii ăstia sunt nebuni. Ce este această realitate?" Este o nebunie modul în care oamenii folosesc banii.

Știa ea să facă mai bine? Nu, asta a fost dinamica lor, resentimentele, respingerea, regretul legat de bani.

Vrei să te scoți din realitatea mamei tale și a tatălui tău sau a ofițerului de poliție sau a Fiscului sau a fostului tău?

Și ai fi dispus să renunți la răutatea pe care ai ales-o drept costum, personalitatea ta, pe baza a ceea ce ai văzut?

Doar un grad mai mult, pentru că există o frumusețe și o blândețe în interiorul tău, care sunt adevăratul tu. Pot vedea asta, dar se află sub toată această armură a acelei răutăți. Și nu este nimic mai dureros decât să trăiești ca și cum nu ai fi tu cu acea armură.

Știu pentru că și eu am trăit asta.

Odată ce a dispărut, odată ce te-ai desprins de ea și ai pășit în tine, providența se va mișca și ea.

# 19

## BANII ÎȚI OFERĂ LIBERTATE

Banii îți oferă mai multă libertate și control, corect?

Această realitate pulsează asupra lor, corect?

Poți să lupți cu tot ce vrei și să creezi toate lucrurile pe care le vrei, dar ghici ce?

Dacă tu vei continua să faci asta, vei pierde, pentru că această realitate vibrează diferit.

Ce-ar fi dacă ți-ai cheltui toată energia primind-o în loc să o îndepărtezi? Cine ai fi atunci?

Deci, este o alegere.

Crede-mă, dezvolți unele limitări atunci când ai un teanc de bani pe tejghea în fiecare săptămână și urmărești ce se întâmplă. Dezvolți o încarcerare și apoi creezi o încarnare în fiecare zi.

Este aceeași nebunie repetată până când uiți că ai de ales diferit și că ceea ce creezi nu este cine ești până când nu te trezești în acel moment și spui: "Refuz să mai fac asta. Eu sunt eu".

A venit o participantă la un atelier și a dezvăluit o relație ciudată cu banii, demonstrând o abilitate de a genera fonduri rapid, dar luptându-se cu aspectul mai puțin plăcut al rambursării. Dornică să intru în dinamica subiacentă, am întrebat: "Ce îți place atunci când urăști să plătești oamenii înapoi?"

"Este ca și cum odată ce îi plătesc înapoi, atunci ei ar putea pleca", a mărturisit participanta. Am recunoscut apariția unui model și am cercetat mai departe: "Are ceva de-a face cu banii?"

"Nu", a venit răspunsul, afirmând detașarea de aspectul financiar.

"Minciuna numărul 1 în acțiune", am subliniat, care scoate în evidență deconectarea dintre problema percepută și rădăcinile sale reale. Încurajând participanta să vocalizeze modelul, i-am cerut: "Spune-o din nou: "Deci, când îi plătesc înapoi..."

"Când îi plătesc înapoi, atunci ei ar putea pleca", a reiterat participanta.

"Și dacă pleacă, ce se întâmplă atunci?" am continuat, descoperind straturile.

"Atunci îi pot pierde", a recunoscut participanta.

"Și dacă îi pierzi, ce înseamnă asta despre tine?" am întrebat, îndrumând participanta să reflecteze asupra implicațiilor mai profunde.

"Că nimeni nu mă place", a fost răspunsul revelator.

"Și dacă nimeni nu te place, ce înseamnă asta despre tine?" am mers mai departe, aprofundând convingerile de bază.

"Nu am nicio idee", a recunoscut participanta, ajungând la un punct de incertitudine.

"Bine, pentru că acum ajungem într-un loc pe care nu-l cunoști" am observat, recunoscând apariția unor emoții neexplorate.

"Ce îți place la faptul de a nu avea oameni în jur și să ajungi să fii singură și să nu fii nimic?" am întrebat, cu scopul de a scoate la lumină motivațiile ascunse.

"Atunci pot face ce vreau", a dezvăluit participanta, aruncând lumină asupra unei teme recurente.

"Deci, are asta vreo legătură cu banii?" am întrebat, determinând o reflecție asupra legăturii dintre modelele observate și experiențele financiare ale participantei.

Nu, dar ea a proiectat-o asupra banilor, așa că întregul ei motto a fost să fie singură și să facă tot ce vrea. A trebuit să proiecteze toate acestea asupra banilor, toată această dinamică de a ajunge până în ultimul moment cu întreaga mare catastrofă și dramă și de a obține bani și de a împrumuta și de a avea oameni care să-i dea, și apoi să trebuiască să-i plătească înapoi. A pus frână pentru a rămâne în control.

Ai putea alege să faci asta cu haine în loc de bani.

Este ca și cum ai spune: "Lasă-mă să iau exact lucrul pe care această realitate se concentrează și funcționează și să creez o astfel de luptă, dramă și traumă în legătură cu el, astfel încât să nu pot trece niciodată dincolo de el, și să nu intru niciodată într-o relație cu el, și să nu fiu niciodată un aliat cu el, astfel încât să pot fi mereu în luptă chiar cu lucrul pe care această realitate pulsează. Noroc".

Câți dintre voi faceți și asta? Vrei mai mult control, mai multă putere în viața ta, dar o proiectezi doar asupra finanțelor tale. Și acesta este un abuz financiar. Și trebuie să-ți recunoști comportamentul și să-ți croiești drum spre o transformare.

**20**

## CARE ESTE RĂSPUNSUL CORECT?

Când tatăl meu a murit, mi-a lăsat o mizerie de curățat – o mizerie dincolo de mizerie – și încă fac curățenie. Slavă Domnului că aproape am terminat.

Cu toate acestea, el a spus foarte clar când era în viață: " Vreau ca voi toți să-i aveți și să-i folosiți, și mi-ar plăcea să vă văd pe toți folosindu-i și avându-i și să vă pot sprijini"

El a făcut planul. Pur și simplu noi nu am ascultat.

Dar avea o problemă – nu putea avea nimic.

Trebuia să dea tuturor tot ce avea. I-a dat mamei, mi-a dat mie, fratelui meu și surorii mele. A plătit pentru o mulțime de nunți ale verișorilor mei. A plătit pentru nunțile altora.

Era doar un astfel de om darnic, mult prea generos, dar era pentru că nu-i venea să creadă că merită să aibă ceva din toate acestea.

Dar ce înseamnă a avea bani pentru această realitate?

135

Unii dintre noi cred că dacă ai bani, ești în siguranță. Ei bine, cunosc mulți oameni cu bani și încă li se întâmplă lucruri groaznice.

Adică dacă nu ai bani înseamnă că nu ești în siguranță? Ei bine, cunosc mulți oameni care nu au mulți bani și nu este nimic în neregulă cu viața lor. Sunt doar fericiți.

Așadar, aceste lucruri pe care oamenii le proiectează sunt toate sugestii, judecăți și puncte de vedere menite să te controleze și să te configureze în a accepta punctul de vedere al altcuiva.

Când te configurezi în viziunea altcuiva, unde te încadrezi?

Nu te încadrezi.

Cât de mult ai abdicat de la realitatea ta financiară pentru a te încadra în această realitate financiară? Ești unul dintre cei care vor să strângă bani albi pentru zile negre? Este bine să strângi bani albi pentru zile negre?

Care este răspunsul corect?

Când desfășuram atelierul ”Minciunile despre bani” în Florida, a fost ceva extraordinar și toată lumea a continuat să întrebe ”și care este răspunsul corect?” Mi s-a părut amuzant și m-am întrebat dacă este un lucru specific celor din Florida. De a ști răspunsul corect.

Ei bine, este și bine și rău să gândești așa. Pentru că vă spun, sunt probabil cea mai proastă persoană la care să mergeți vreodată dacă sunteți în căutarea răspunsului corect. Te înnebunesc – nu există un răspuns corect. Este ceea ce este adevărat, ușor și potrivit pentru tine.

Așadar, a fi curios cu privire la lucrul corect și ușor este bine, dar nu este un lucru universal și obiectiv. A fi corect și ușor sunt chestiuni subiective și unice pentru fiecare dintre noi.

Este ca sistemul școlar din această țară care spune: ”Obții acest răspuns, îl bagi în cutie, primești un ”A”. Ai atâtea greșeli, primești un ”B”, ai atâtea greșeli, primești un ”C”, ai atâtea greșeli, primești un ”D”.

Sau, dacă ești slab la geometrie ca mine, pici testul în mod repetat și îți iei un meditator până îl treci, nu?

Aceasta este realitatea. Trebuie să aveți răspunsul corect pentru a merge mai departe.

Nu este diferit de nevoia de a avea bani pentru a avea valoare de sine, pentru a fi ceva mai bun.

Deci, revenind la a strânge bani albi pentru zile negre. Cine ne-a învățat această idee? Ei bine, nu mai avem 3, 4 sau 7 ani și uităm că putem alege ceea ce este ușor și potrivit pentru noi.

Acele păpuși Cabbage Patch ... am fost vreodată întrebată despre ele?

Nu, am vrut GI Joe, la naiba!

Îl iubeam pe Superman, îmi plăcea să joc fotbal, îmi plăcea să merg în oraș.

Am făcut modelling pentru copii în oraș, dar nu am vrut să fac modelling. Mi-a plăcut plimbarea cu elicopterul, dar modellingul a fost nasol pentru că trebuia să stai acolo și să îmbraci orice voiau ei să îmbraci.

Nu am avut de ales.

Mama a vrut asta, ei au vrut asta. Te ridici și faci ce ți se spune. Așa se îmbolnăvesc mulți oameni de boli care le pun viața în pericol și atât de multe relații se termină îngrozitor, iar oamenii au probleme cu fluxurile de bani – pentru că toți alegem să ne creăm viața pe baza a ceva sau a unui punct de vedere al cuiva care este de fapt o minciună pentru noi.

Iar eu spun: "ROAR.® Gata". Fii bubuitura.

Fii tsunami-ul, fii cutremurul.

Fii fluxul prin care modifici realitatea fizică doar prin prezența ta. Spune "Da" când vrei să spui da, spune "Nu" când vrei să spui nu.

Nu mai crede că banii sunt rădăcina tuturor problemelor tale. Nu mai crede nimic din ceea ce ți s-a spus despre bani. Spune doar: "La naiba, dacă aceasta este realitatea mea financiară, ce aș alege? Dacă mi-aș trăi realitatea financiară astăzi, cine aș fi?"

Pentru că atunci, cel puțin, știi că ești în prezent. Spun eu să nu economisești?

Nu.

Eu spun să nu întruchipezi, să nu configurezi, să nu te aliniezi, să nu fii de acord, să nu reziști sau să nu reacționezi la nimic ce nu este "Da"-ul tău – care este ușor, corect și distractiv pentru tine.

*Fii tu, dincolo de orice, și creează magie.*

21

**FII GENIAL CU BANII**

Tot ce trebuie să faci este să pui o întrebare – atât.

Sunt ca un câine cu un os în gură când vine vorba de facilitare. Îmi place să o desfac în bucăți, să o sfâșii în stânga și în dreapta și să risipesc problema - și să te scot de acolo cât mai curând posibil și să intri în ceva nou.

Așadar, să începem acest capitol cu încă vreo câteva întrebări.


*Ai dori să ai mai mulți bani numerar?*

*Ai dori să ai mai puțini bani?*

*Provii din familii foarte bogate?*

*Provii din familii cu adevărat conflictuale în ceea ce privește banii?*

.   .   .

În cadrul atelierelor mele din întreaga lume, majoritatea oamenilor ridică mâna la această ultimă întrebare. Toată lumea vine dintr-un fel de conflict sau luptă sau situație problematică legată de bani. Aceasta este cea mai mare parte a experienței, definiției, perspectivei și înțelegerii acestei realități cu privire la bani.

Este timpul să deschidem ușa către o nouă posibilitate.

Subiectul banilor are o mulțime de proiecții, judecăți, separări, așteptări, resentimente, respingeri și regrete atașate acestora. Aceste energii din jurul banilor colorează ceea ce înseamnă energia banilor.

Din punctul meu de vedere, energia banilor este despre libertate, expansiune și conștiință. Este vorba despre lumina, plinătatea și gratuitatea darului unic și a capacității care ești în lume și să fii așa în lume și să faci orice faci, orice îți place să faci, este ușor și distractiv pentru tine. Și, cel mai important este că ești în lumea în care oamenii calificați în mod unic să lucreze cu tine vin la tine, ajung să te primească, iar tu ajungi să-i primești și să colaborezi în numele lor.

A avea bani este libertatea și posibilitatea expansivă de a schimba această realitate în funcție de ceea ce este ușor, corect și distractiv pentru tine. Ce ți-ar plăcea să fii și să faci dacă ai avea toți banii pe care ți-i dorești?

Ce ai alege?

Ceea ce am aflat în viața mea este că este ușor pentru mine să generez și să creez bani. A fost dificil, până în ultimii ani, să am bani și să-mi permit să-i am în mod constant și continuu cu investiții, călătorii, distracție, plăcere și să merg peste tot în lume.

Așadar, generarea și crearea au fost ușoare pentru mine, dar a avea, a păstra, a fost ceva ce a trebuit să cultiv. Aici mi-a venit prima minciună despre bani – că pot doar să generez și să creez și nu să am. Acum, eu am creat asta?

Nu. Imitam realitatea tatălui meu.

Tatăl meu a fost un tip sărac crescut de un alcoolic și a fost un multimilionar autodidact, dar a risipit totul pentru că îmi spunea mereu: "Am fost un băiat sărac din Brooklyn. Nu m-am așteptat niciodată să fac ceva. Nu am meritat-o niciodată. Nu aveam pe nimeni. Nu am avut pe nimeni care să-mi arate vreodată ceva din bunătate și tot ce vreau este ca voi (adică fratele, sora, mama și cu mine) să aveți tot ce doriți cât timp sunteți în viață. Vreau să fie cheltuiți până când voi muri, pentru că nu îi merit".

Nu putea avea nimic pentru el, dar putea da orice din el oricui. Așadar, a fost foarte generos. De fiecare dată când mergeam la meciuri, spuneam: "Tată, vino să stai cu noi! Vino aici!".

"Nu, distrați-vă voi, copii. Eu mă simt foarte bine. Îmi place să văd fețele voastre fericite", spunea el. Făcea poze și făcea tot felul de chestii de genul ăsta. Dar există această tristețe că a fost minunat să-l am acolo și să fac toate acestea, dar, copil fiind, mi-am dorit foarte mult să-l am acolo, să mă bucur de el și în afară de "Bate palma!" dacă se marca un gol sau se făcea un *touch down (Nota traducătorului: Termen din fotbalul american atunci când înscriu șase puncte când un jucător este în posesia mingii pe sau în spatele liniei de poartă a adversarului.)* sau "Hei, avem nevoie de o bere" sau "Hei, avem nevoie de un hot dog".

Oricare ar fi acea energie de a alege să nu ai, dar știind că poți crea și genera, aceasta este o dublă controversă. La mijlocul dublei controverse sunt banii. O parte este ”Nu pot. Nu merit să am. Nu sunt suficient de bun pentru a avea” sau o versiune ca aceasta. Cealaltă parte este ”Îmi doresc să ai”.

”Ce altceva pot să-ți dau? Permite-mi să fac acest lucru. Lasă-mă să fac asta”.

Am crescut în New York și am mers la școală în Connecticut. Prietenii mei veneau la mine acasă și ne întorceam împreună la facultate cu mașina. Tații lor spuneau: ”Ia de aici 20 de dolari!”, iar tatăl meu spunea: ”Ia câteva sute!”

Eram atât de jenată de ei încât nu aveam idee cum să-i păstrez sau să-i folosesc. A fost cea mai aleatorie experiență. Este într-adevăr o poveste frumoasă. Îmi place să vorbesc despre el pentru că exact în josul străzii este locul unde i-am împrăștiat cenușa. De aceea îmi place să mă întorc la San Francisco.

Am locuit în San Francisco timp de peste douăzeci de ani. Am avut o clinică și un cabinet acolo timp de mulți ani. Este un loc foarte semnificativ pentru mine și este prima dată când am fost atât de aproape de locul în care i-am lăsat cenușa. A fost foarte frumos să fiu aici.

Oricum, am risipit mulți bani. Am fost regina minciunilor despre bani.

M-am gândit că era ceva de genul ”gândește măreț sau du-te acasă”. Acesta este unul dintre lucrurile pe care tata m-a învățat să le fac în detrimentul meu.

Un alt lucru era că, ori de câte ori îi ceream bani sau cum să-i creez, el spunea: ”Bine, Lisa. Amintește-ți ce ți-am spus. Fă ce-ți place... Și, dacă tot vorbesc cu tine, nici nu te căsători. Dar dacă o faci, nu aplica vorba aceea "polii opuși se atrag" pentru că nu funcționează".

Am spus: "Mulțumesc, tată".

Ideea este că atunci când îl întrebam despre bani, el doar mi-i dădea. Ani de zile, nu am învățat niciodată cum să am bani eu însămi sau să-i generez și să-i creez, chiar dacă mi-a spus în mod repetat că nu există doar o lume a bărbaților și trebuie să fiu propriul meu șef.

A avut o influență atât de mare asupra vieții mele, iar când a plecat am avut o mare dezamăgire. A mai făcut un alt lucru ciudat cu banii, o controversă dublă. Poți crea orice dorești, dar eu sunt sursa. El nu a spus asta, dar asta am interpretat, modelat și generat. Mi-a luat mult timp să am propriul spate din punct de vedere financiar.

Haideți să facem un pas spre posibilitățile infinite, multitudinea de posibilități care vin în calea voastră, care sunt ușoare și corecte, și să spunem "nu" atunci când apare ceva ce știți că este o minciună.

**22**

---

# ARĂTATUL CU DEGETUL

Am făcut acest exercițiu de mai multe ori în această carte și vreau să reflectezi încă o dată asupra lui. De fiecare dată, ți-am cerut să-ți imaginezi că mergi la terapie de cuplu împreună cu banii tăi. Ce credeai că vei spune?

*Tu nu faci asta!*

*Tu nu faci aia!*

*Tu faci asta sau aia!*

Ei bine, vezi primul cuvânt pe care toată lumea și-l imaginează în terapia de cuplu? "Tu!"

Știi că atunci când arăți cu degetul, devalorizezi și renegi ceea ce este adevărat în tine. Asta creează acea judecată pe care o proiectezi în afara ta.

Dacă există care cineva nu este fericit într-o relație, poate dorește să citească din nou această parte.

Când arăți cu degetul, judeci. Și, atunci când judeci, iei cu adevărat ceea ce este al tău și nu îl păstrezi ca adevăr și nu faci ceva cu el pentru a-l schimba. Îl îndrepți spre bani, spre persoană, spre relație, spre slujbă, spre afacere, spre orice.

Care este scopul de a acuza pe altcineva de ceea ce faci tu însuți? Probabil, astfel încât să nu trebuiască să te uiți niciodată la tine și la ceea ce faci? Nu trebuie să schimbi niciodată ceea ce faci, astfel încât totul poate rămâne la fel cu ceea ce fac toți. Poți avea întotdeauna aceeași poveste: "Indiferent cât de mult încerc, nimic nu funcționează niciodată pentru mine. Am încercat".

Ai o agendă secretă sau o minciună pentru a-ți păstra convingerile financiare la fel fără a le pune la îndoială și nu ajungi niciodată la oglindă, care ești tu. În schimb, joci un joc nesfârșit de învinovățire fără întoarcere.

Acum, permite-mi să împărtășesc mai multe despre a doua minciună despre bani; "Ce ești?" Pentru mine, nu a fost vorba despre a avea bani, era un fel de sindrom bulimic, folosindu-l pe tatăl meu ca sursă de dezvoltare.

Îmi amintesc când locuiam în Arizona și îmi luam masteratul. Conduceam un centru rezidențial de tratament unde câștigam 30 de dolari pe oră. La acea vreme, modul meu de a mă conecta cu banii și oamenii era să spun: "Plătesc eu. Haideți în oraș".

Și puneam bani în mijlocul mesei – nu doar o bancnotă de 100 de dolari – și ieșeam până dispăreau acei bani.

*Ce eram eu?*

Eram tatăl meu fără să știu.

Apoi am început să intru cu adevărat în psihologia lui, pentru că singurul mod în care mă conectam era prin bani. Dacă nu aș avea bani, nimeni nu ar vrea să iasă cu mine, să fim prieteni sau pur și simplu să fie cu mine. Ce sistem de credințe nebun și insidios!

Nimeni nu mi-a spus asta. Am creat asta pentru că asta a sugerat tatăl meu în felul lui. Credea că nu poate fi iubit. Nu credea că merită nimic. Și m-am gândit și eu la fel, iar și iar și iar și iar și iar și iar, ani de zile. A mers așa până când s-a întâmplat ceva.

Îmi amintesc bine acea zi.

Ziua în care am văzut acel Zero în contul bancar.

M-am panicat. Eram în stare de șoc și nu aveam pe cine să sun pentru că eram prea jenată să-l sun pe tatăl meu după toți banii pe care mi i-a dat. Cu siguranță nu aveam de gând să o sun pe mama, pentru că știam că se va termina cu o litanie de înjurături în italiană și nu numai.

*Ce ești tu?*

Eram tatăl meu în mod repetat. Apoi a fost această singurătate care s-a abătut asupra mea, chiar și atunci când eram la petreceri sau oriunde altundeva. Nu mai era distractiv, pentru că nu mai eram eu. Eu eram el, iar tu poți fi ceva doar de câteva ori înainte ca circuitele minții tale să se oprească și apoi să nu mai poată fi folosite. La fel este și cu dependențele. Ajungi la un anumit nivel, dar apoi acel nivel dispare și trebuie să treci la nivelul următor. Nivelul tău de toleranță se schimbă.

Ai nevoie de mai mult și ceri mai mult. Am decis, din fericire, că ceea ce aveam nevoie mai mult era să aflu cine eram. Trebuia să aleg să renunț să mai fiu el. Și asta a venit cu o cutie întreagă a Pandorei. Trebuia să renunț la dragostea lui pentru afaceri? A fost dragostea lui pentru afaceri sănătoasă? Și asta este cu adevărat dragostea mea pentru afaceri sau ceea ce imitam eu din a lui?

A fost dragostea lui pentru bani sau dragostea mea pentru bani? Am lucrat în bancă și la școala de afaceri în facultate din cauza mea sau a lui? Ar trebui să fac psihologie sau ar trebui să lucrez în afaceri în New York la fel ca familia mea?

Acest lucru nu avea să se întâmple niciodată. Îmi amintesc că mă uitam pe fereastra dormitorului meu și priveam toată lumea – femei și bărbați care mergeau spre tren, pentru că locuiam chiar pe strada care ducea spre gară. Și ghici ce? Nimeni nu zâmbea la locul de muncă. Mi-am promis că nu voi dori niciodată să-mi creez un trai în care să nu fiu fericită să-mi fac treaba sau să nu fiu încântată de asta în fiecare zi.

*Cine erau ei?*

Conversația a luat o întorsătură spre stabilitate și predictibilitate în cadrul unuia dinte atelierele mele, o participantă dezvăluind că întruchipează aceste trăsături. Am explorat de unde provine această credință și mergea în spate până la mama sa. Stabilitatea și predictibilitatea s-au simțit cunoscute și sigure, cu bugetul fix și clar.

Săpând mai adânc, am descoperit că această credință era înrădăcinată în sinele de 8 ani al participantei. S-a format atunci și încă se ținea de ea. Ne-am dat seama că participanta și-a obligat sinele mai tânăr să-și gestioneze realitatea financiară. Am explorat avantajele și dezavantajele acestei abordări. Și cu siguranță nimeni nu și-ar dori ca un copil să-și gestioneze finanțele.

Așadar, conversația s-a mutat spre exonerarea de această obligație, acordând copilului de 8 ani un pachet compensator de distracție, libertate și responsabilitate adultă.

Energia sălii s-a luminat pe măsură ce participanta a îmbrățișat posibilitatea unei noi perspective a banilor.

Sub fațada stabilității și predictibilității din abordarea financiară a mamei sale, am descoperit un curent subteran de frică și anxietate. Participanta a internalizat fără să știe aceste emoții, etichetându-le greșit drept siguranță.

Această realizare a determinat o schimbare profundă de perspectivă – eliberarea de ancorele financiare din copilărie. Participanta a început să înțeleagă că realitatea sa financiară nu era atât de cumplită pe cât credea. A marcat un moment transformator, deschizând posibilitatea unei relații mai sănătoase cu banii.

Așadar, poate te întrebi. Îl lași pe copilul din tine să-ți conducă banca? Sau tu ești cel responsabil?

## 23

## GENIALITATEA ÎN RELAȚIA CU BANII

Ce se întâmplă dacă pleci de aici fără nimic altceva decât tu și spațiul de a fi tu?

Dacă ai avea o baghetă magică – și tu ai fi tu, ce ai alege acum?

Ți-ai face bugetul sau ai avea pe cineva care să colaboreze cu tine și să-ți arate ceva ce era distractiv pentru ei?

Am găsit această femeie care iubește numerele și îmi vorbește în cifre. Ea îmi prezintă totul atât de clar despre toate conturile mele și m-a prins în toată chestia asta online QuickBooks. Este minunat. Acea constrângere tocmai s-a deschis.

Și încep să mă simt atât de expansiv generativă doar știind că ea se ocupă de tot pentru mine și că am ocazia să vorbesc cu ea despre asta. Deci, atunci când ea cere ceva, există o emoție de tipul ”Da. Poftim!” sau când ea spune: ”Vezi asta!” eu spun ”Da, hai să facem asta”.

Apăruse această emoție după ce tatăl meu a murit și nu l-am mai avut ca sursă și când am fost total îngrozită. Nu știam ce să fac. A trebuit să-mi creez propria realitate financiară, pentru prima dată în viață.

Astăzi, sunt fericită în locul în care mă aflu, ghidată de energia potrivită.

Știu imediat când este un ”Nu, pleacă de aici, nici măcar nu o să te sun înapoi”.

Știu când există o deschidere și îmi spun: ”Acesta este personalul meu. Am nevoie de ea sau de el”.

Înțelegi ce vreau să spun? Știu asta acum. Nu știam asta atunci, pentru că eram sub sistemul de credințe al tatălui meu.

Așadar, dacă după ce citești asta pleci simțindu-te puțin mai ușor, expansiv și mai liber, este minunat. Dacă te simți groaznic și pleci de aici gândindu-te: ”Ah, la naiba! Am niște lucruri de făcut”, este grozav pentru că cel puțin atunci recunoști minciunile.

Cine ești tu? Ce ești tu? Ce minciună (minciuni) crezi? Amintește-ți, ”cine” este în general cineva, ”ce” este o energie. Iar minciuna este o credință insuflată fie de acel cineva, fie de acea energie pe care încă o percepi ca fiind adevărată.

Există atât de multe bariere culturale pentru a vă pune realitatea financiară în ordine. Permiteți-mi să împărtășesc o altă interacțiune din cadrul atelierului meu ”Minciunile despre bani”. Așadar, vorbeam despre bani, iar atmosfera devenea interesantă. Dintr-o dată, un participant rus a aruncat această bombă: ”Este greșit să ai bani”. Am decis să ne jucăm puțin, vorbind în engleză și apoi în rusă. În mod surprinzător, versiunea rusă s-a simțit mai ușoară, mai interesantă.

Am săpat în modul în care opiniile culturale au modelat credințele legate de bani. Se pare că perspectiva rusă a fost simțită mai liberă de către participant. Apoi, ne-am lovit de ceva important – ideea că "răul" (evil) este doar "viu" (live) scris invers. Descoperiserăm ceva acolo.

Participantul a vorbit despre negativitatea din jurul banilor din comunitatea rusă. A fost frustrant. Am explorat credința că banii sunt răi și am descoperit un conflict profund. Și-a dat seama că era blocat justificând că nu trăia cu adevărat, exact ca mama sa, și asta nu era în regulă.

Această discuție a evidențiat modul în care erau încâlcite credințele legate de bani, cultură și experiențele personale. Treaba mea era să pun întrebări care să-l pună pe gânduri. Scopul? Să-l ajute să vadă banii într-o lumină nouă, de împuternicire.

Această conversație a arătat că punerea la îndoială a ceea ce crezi despre bani te poate elibera. Este o călătorie spre o relație mai bună cu bogăția. Și s-a dovedit că schimbarea modului în care vezi banii poate deschide ușile către mai multă abundență și fericire.

Pe măsură ce mă uit înapoi la discuția noastră, este o reamintire a motivului pentru care sunt aici - să ajut oameni precum participantul să se elibereze de mentalitatea veche legată de bani și să pășească într-un viitor mai luminos și mai interesant.

Câte dintre aceste credințe ați auzit?: Că banii sunt răi. Că nu poți trece dincolo de condiția ta de viață. Dacă faci mai mult decât familia ta, vei fi alungat sau exilat. Sau nu vei mai fi iubit dacă ai mai mult decât prietenii sau familia ta.

Și cât din ceea ce ești abdică de la perspicacitatea ta financiară pentru ceva ce nici măcar nu ești tu?

Pentru că dacă te-aș întreba asta, dincolo de mintea ta și dincolo de conturile tale bancare reale, știi că ești genial în relația cu banii?

N-a știut nimeni asta? Adevărul?

Este în regulă, nu vei avea probleme. Spune: ”Sunt genial în relația cu banii”.

Și dacă eziți, atunci când ai încetat să fii genial? Cine erai când te-ai oprit? Ce ești tu? Ce erai când te-ai oprit? Ce minciună crezi?

Pentru că iată care este problema. Dacă ai fost genial în legătură cu banii la un moment dat, ești încă genial în relația cu banii în acest moment. Doar că este ceva ascuns.

Sună puțin ca o teorie a conspirației, dar este doar o modalitate de a-ți ordona realitatea și de a te pune la pământ. Asta face această realitate. Te pune într-o cutie și te scapă de tine. Este ca jucăriile pentru copii cu care te-ai jucat când ai început să înveți cercuri și pătrate și ai luat cercul și ai încercat să-l trântești în pătrat. Este ca și cum ”banii sunt răi” și ”nu sunt bun cu banii”. Și continui să o spui iar și iar și în mod repetat, dar cercul nu intră niciodată în pătrat pentru că tu ești cercul. Cercul intră în cerc pentru că ești genial. Ești un cerc.

Are sens? Așadar, ești genial în relația cu banii?

Da? Și ai renunța la un anumit grad din ceea ce ai ales să nu fii?

Oricare ar fi acea emoție care renunță, navighează ca și cum ai naviga pe un val în ocean. Respiră pe gură. Emoție, energie în mișcare.

Lucrez cu acest trader de bursă genial, care făcea tone și tone de bani în Australia. Apoi s-a întâmplat ceva și a făcut o "alegere" proastă și, ulterior, fiecare alegere a fost proastă, până la punctul în care aproape că a pierdut totul și a trebuit să plece și să-și ia 6 luni libere și să lucreze serios la nivelul personal pentru a-și recăpăta încrederea.

A fost devastator – devastator pentru el și soția sa. Amândoi erau traderi și, instantaneu, nici măcar nu mai puteau s-și audă sau percepe genialitatea. Dispăruse.

Când se întâmplă așa ceva, indiferent de motiv, pentru că nu contează povestea, și începi să alegi din nou și în mod repetat antiteza a cine ești, începi să crezi de fapt antiteza ta despre cine ești. Uiți că ai făcut un milion de dolari sau că ai avut succes. Nu doar cu banii, cu tot. Și pentru mine, acesta este cel mai mare abuz al acestei realități.

Este nevoie de toată uimirea noastră doar pentru a fi tu și ești răsucit și bastardizat în altceva care nici măcar nu arată ca tine. Apoi te uiți în oglindă și te întrebi: "Cine naiba ești?" Și apoi spui: "Ah, da, sunt eu. Lasă-mă să mă târăsc în gaura mea. Voi trăi într-un tărâm jalnic".

Nu trebuie să faci 20 de ani de terapie cu aceste instrumente. Credeți-mă, știu că am scăpat de unele lucruri. Știu ce înseamnă să te uiți la lucruri la care nu vrei să te mai uiți vreodată, să le simți, să le guști sau să le miroși.

Cu toate acestea, știu că, atunci când privesc, sunt împuternicită pentru că acum pot face o alegere clară și conștientă. Cineva poate alege să ignore sau să uite alegerea, dar nu i se va lua puterea de a alege.

Va fi întotdeauna distractiv? Nu.

Va avea gust amar uneori? Da. Va avea gust amar doar pentru puțin timp? Da.

Nu trebuie să petreci încă 20 de ani fiind ceva ce nu ești și creând un anti-tu. Poți petrece astăzi și în fiecare zi de acum încolo fiind tu însuți. Fiind tu, adevăratul tu, amprenta sufletului tău – această genialitate este intrinsecă pentru noi toți.

Ar fi în regulă dacă corpul tău nu ar mai fi recipientul de depozitare pentru judecata tuturor celorlalți în jurul lipsei lor de dorință de a avea bani? Spune "da" cu voce tare dacă este așa...

Așadar, când oamenii fac asta în jurul tău și simți că te cicălesc, poți fi ceva de genul: "Nu mai arunca prostiile tale spre mine, eu sunt cel care îmi aleg realitatea financiară".

Este ca un scut al tău de superputere.

Niciodată, niciodată, niciodată nu dezavua sau nu deposeda de puteri ceea ce ți-a fost dăruit și ceea ce ai creat pentru tine. A avea în această realitate înseamnă o capacitate de a primi, mai ales când vorbim de bani, la un nivel la care majoritatea oamenilor aspiră și nu îl ating niciodată.

Avem nevoie de mai multe ființe ca tine pentru a primi și a realiza o lume fără abuzuri - inclusiv abuzuri financiare.

Așadar, continuați să aveți bani și continuați să permiteți oamenilor, cum ar fi prietenii voștri, să știe, să fie, să primească și să perceapă cu adevărat diferența și capacitatea unică pe care o dețineți. Este un dar.

Partenera mea vine dintr-un mediu cu bani, gestionează bani și are mulți bani. Nu a fost niciodată fără bani.

Eu l-am avut pe tatăl meu și am avut bani, dar am lucrat întotdeauna pentru bani. Lucrez de când eram tânără. Au fost și multe abuzuri, multe povești.

Am o istorie de modelling cu banii, care era plină de lucruri pornografice în agenția pentru care am lucrat. Este o poveste prea lungă pentru a intra acum în ea, dar am avut o mulțime de lucruri legate de bani și de faptul de a-i avea. Nu i-am vrut pentru că erau asociați cu abuzul și lucruri de genul acesta. Eram plătită să fac ceva pentru care nu am văzut niciodată banii.

Așa că a fi cu ea și a învăța cum să ai bani, a fi martor pragmatic la genialitate, m-a infiltrat în realitatea mea în moduri care m-au făcut să gândesc și să simt și să știu și să fiu și să primesc mai mulți bani – și să devin mai bună în luarea deciziilor privind banii doar prin simpla prezență a ei, ca martor și privind, chiar până la punctul acela: "Nu voi avea Wi-Fi în avion pentru că mă costă 7 dolari în plus".

Și mă gândesc: "Bine, dacă cineva care are bani nu vrea să facă asta, ce este asta? Ce este, de fapt, asta?" Nu este o judecată – nu este ceva de genul: "E săracă".

Chiar trebuie să mă uit la toate astea și să mă gândesc: " Bine, trebuie să călătoresc la clasa întâi sau la clasa business peste tot? Corpului meu îi place pur și simplu?"

Și am învățat toate aceste lucruri diferite datorită ei.

Așadar, cine ai fi acum că știi că îți poți crea realitatea financiară? Cine ai fi? Ce ai face și cât de mult ai genera și crea? Adevărat?

Când lași cartea din mână astăzi, scrie 25 de lucruri despre realitatea ta financiară. Apoi creeaz-o în fiecare zi pentru următoarele treizeci de zile. Întreprinde o acțiune creând-o pentru următoarele treizeci de zile. Întreprinde o altă acțiune și creeaz-o pentru următoarele treizeci de zile.

Fii tu, angajează-te față de tine, alege-te și colaborează cu Universul care conspiră să te binecuvânteze și apoi să creezi de acolo. Aceasta este ceea ce eu numesc vitalitate radicală. Puteți afla mai multe despre acest lucru în celelalte două cărți ale mele – *Radically Alive Beyond Abuse (Radical viu dincolo de abuz)* și *Creating After Abuse (Cum să creezi după abuz)*.

## 24

# EXPUNE MINCIUNILE SISTEMICE

Așa cum spunem toate aceste minciuni la nivel individual, simțim minciuni și la nivel de sistem. Interesant este că unul dintre participanții la atelierul meu din San Francisco a subliniat:

"Există o minciună în sistemul american privind dolarul. Avem nevoie de bani și folosim bani, dar moneda pe care o creează și continuă să o tipărească mai mult din cauza Rezervei Federale și a Trezoreriei este de fapt o fraudă comisă împotriva noastră, pentru că ne îndatorează viitorul și viitorul generației următoare. Cheltuielile au scăpat de sub control. Avem datorii de trilioane de dolari.

Energia este legată de locul în care primim acești dolari de hârtie pentru munca noastră, un bilet la ordin, dar asta este o minciună. În 1971, a fost conectat la Standardul de Aur. Dar au perturbat asta și au tipărit bani ca nimeni altcineva, iar acum suntem, la nivel global, într-un punct în care ..."

. . .

Știam ce spune, e mult adevăr în asta. Dar punctul de îngrijorare a fost cât de mult din ceea ce a spus a întruchipat ca rezistență și reacție a sa împotriva primirii banilor și a apariției lor în contul ei bancar?

Așa folosea acea crimă împotriva ei însăși.

Chiar dacă spunea adevărul, devenise parte a comiterii crimei prin faptul că nu-și permitea să aibă ceea ce este al ei și cu ce ar putea contribui la schimbarea acestei lumi, la eliminarea Monsanto, dacă ar fi avut bani.

Eliminăm și eradicăm abuzurile de pe această planetă având și folosind banii pentru a schimba realitățile. Dacă nu primești, devii parte a problemei, nu a soluției.

Trebuie să privim în jur și să fim agenții schimbării în viața noastră. Pentru mine, realitatea mea financiară are grijă de corpul meu. A fost o muncă foarte grea să-mi ascult corpul. Realitatea mea financiară deține trei conturi de câte 10%: pentru corp, afaceri și auto-onorare. Ideea este să economisești – să primești – 30% din fiecare dolar pe care îl câștigi și îl cheltuiești într-un cont separat pentru corp, afaceri și sine.

Realitatea mea financiară înseamnă că voi merge în jurul lumii oriunde voi fi invitată să țin cursuri. Realitatea mea financiară face o emisiune radio Voice America ce este o muncă făcută cu dragoste care costă undeva între 30 000 și 50 000 de dolari pe an. Este o resursă gratuită pentru că știu că atunci când primesc acel apel din Dubai sau Pakistan sau India, Australia, Hong Kong, Israel sau de oriunde altundeva, și facilitez o persoană să iasă din cușca abuzului către o vitalitate radicală – cu tranziție de la traumatism la a fi viu orgasmic – știu că am lăsat o urmă pe acel pământ și în acea țară.

Știu că internetul este accesibil peste tot și nu mă voi opri dacă asta face încă parte din realitatea mea financiară.

Cât din ceea ce am spus este despre bani? Acest capitol este un memento pentru a-ți crea realitatea. Această carte este pentru a te primi pe tine însuți ca pe un dar. Din punct de vedere financiar, a te primi pe tine însuți ca pe un dar este o formă de iubire de sine. Iubirea de sine este salvatorul realității mele financiare. A munci pentru a avea, primi, salva, garanta și crea întreaga mea realitate din autenticitate este cel mai înalt scop al vieții mele spirituale. Și, sincer, aleg să trăiesc radical vie, liberă de orice limitări care nu au fost niciodată ale mele. Dar tu, dragă cititorule? Care este realitatea ta financiară?

Vă mulțumesc pentru timpul acordat. Pentru aceia dintre voi la care am ajuns pentru prima dată, vă mulțumesc pentru că ați citit cartea. Pentru aceia dintre voi pe care îi cunosc foarte bine, vă mulțumesc. Prețuiesc timpul vostru. Vă apreciez atenția. Vă prețuiesc.

Sper că ați găsit această lucrare fructuoasă. Sper că am adus o contribuție în voi și sper să aud comentariile voastre despre această lectură.

*Fii tu! Dincolo de orice! Creează magie! și Du-te, fii, creează!*

# POSTFAȚĂ

În introducere, v-am spus că ați pus mâna pe o mină de aur și sper că acum puteți înțelege de ce.

Adevărul este că pur și simplu nu există niciun motiv pentru care să nu poți crea toți banii pe care îi dorești dacă ai curajul și dorința de a privi "sub capota" propriei realități financiare. Și în această carte, v-am arătat o cale și v-am dat instrumente pentru a începe procesul de examinare a trei minciuni despre bani.

Prima minciună este că banii sunt un zeu și tu ești mai puțin decât atât.

A doua minciună este că banii sunt criminalul tău, eternul tău temnicer, și nu-i poți avea.

A treia minciună este că banii sunt o problemă.

Și, deși acestea nu sunt în niciun caz toate minciunile despre bani, sunt suficiente pentru a începe.

Amintiți-vă, trebuie doar să schimbați un grad, corect?

Sunt sigură că ați observat că există multe, multe întrebări profunde pe care vi le puteți pune pentru a desluși orice se întâmplă în legătură cu banii și sper că vi le-ați pus pe parcursul citirii acestei cărți sau le-ați subliniat pentru a reveni la ele.

(Cu toate acestea, dacă nu ați făcut-o sau simțiți că doriți mai mult ajutor în acest sens, aruncați o privire la Anexa în care am enumerat alte resurse, pe care le am disponibile. Există o mulțime din acestea și toate sunt concepute pentru a vă ajuta să pătrundeți în propriul vostru ROAR® – realitatea radicală, orgasmică, vie.)

Ori de câte ori te blochezi și vrei să ieși din ea, începe să-ți pui aceste trei întrebări esențiale:

- *Cine sunt eu?*
- *Ce sunt eu?*
- *Ce minciună cred și pe care am făcut-o adevărată?*

Apoi, pe măsură ce descoperi adevărul pentru tine și îți eliberezi energia, vei dori să mergi mai departe în viața ta cu cei "4 C":

- *Dedică-te ție*
- *Alege pentru tine*
- *Universul conspiră să te binecuvânteze și vrea să colaboreze cu tine*
- *Creează-te*

Odată ce începi să alegi ceea ce este lumină și care se află chiar în fața ta – și urmezi acea energie – banii te vor urma din cauza a ceea ce este în interiorul tău.

Și așa cum le-am spus celorlalți...

Te provoc să fii plimbarea, vorbirea, tsunami-ul sau cutremurul care modifică realitatea pur și simplu prin simpla ta prezență, să fii ROAR®-ul tău (Realitatea radicală, orgasmică, vie).

*Fii tu, dincolo de orice, și creează magie.*

# DR. LISA!

Dr. Lisa Cooney, un deschizător de drumuri în transformarea personală!

În calitate de terapeut licențiat în căsătorie și familie, maestru Theta vindecător și dinam versatil, ea este creierul din spatele Live Your ROAR! Fii tu! Dincolo de orice! Creează magia!

Dr. Lisa a ghidat nenumărate suflete într-o călătorie de la vremuri grele, cum ar fi luptele din copilărie, la îmbrățișarea unei ”realități radical orgasmice vii” (ROAR).®

Cu un doctorat în psihologie și o pungă plină de cadouri extraordinare, inclusiv Reiki, Theta Healing, Termometrie, Terapie prin respirație, Psihodramă, Terapie prin vise, Spiritualitate angajată social, Hipnoterapie centrată pe inimă și Hipnoză profundă bazată pe șamanism, Dr. Lisa este un expert certificat.

Magia lui Dr. Lisa provine din propria ei călătorie de vindecare, ridicându-se nu doar deasupra problemelor copilăriei, ci și învingând o boală care îi punea viața în pericol. În centrul învățăturilor sale transformatoare se află patru principii de aur: Alegeți pentru voi, Dedicați-vă vouă, Colaborați cu binecuvântările cosmice și Creați viața pe care o doriți – în esență, cei 4 C pentru o transformare zguduitoare.

Un guru căutat pe tot globul, Dr. Lisa ține cursuri, ateliere și discursuri electrizante în întreaga lume. Cunoscută pentru mantra sa spirituală "I'm Having It... No Matter What!" ("Accept... Orice s-ar întâmpla!"), Dr. Lisa îi învață pe oameni cum să plutească pe valurile de energie magică și creativă pentru o viață care nu este doar ușoară și corectă, ci de-a dreptul încântătoare.

Puteți găsi prezența ei plină de viață în propria emisiune la Voice America Empowerment Channel, unde se conectează cu mii de ascultători nerăbdători în fiecare săptămână. Puteți citi, de asemenea, alte cărți de succes internațional, inclusiv *Radically Alive Beyond Abuse (Radical viu dincolo de abuz)* și *Creating After Abuse (Cum să creezi după abuz)*.

www.ingramcontent.com/pod-product-compliance
Lightning Source LLC
Chambersburg PA
CBHW051831150726
47998CB00001B/377